Rechenrabe 1

Mein Arbeitsheft

Autoren
Annabel Kandel
Manuela Mehl
Heidi Schmidt
Mona Sommer
Jannike Thomas

Ernst Klett Verlag
Stuttgart · Leipzig · Dortmund

Die Zahlen bis 10

○ 1

‖					

○ 2

| 1 | 2 | 3 | 4 | 5 | 6 | 7 | 8 | 9 | 10 |

2

1 Anzahl der Gegenstände bestimmen und Strichlisten anfertigen. **2** Menge und Zahl verbinden.

Links – rechts, oben – unten

1

2

3

4 Was ist wo? Zeichne.

5

1–3 Figuren entsprechend ihrer Richtung (lila – links, rot – rechts) anmalen. 4, 5 Lagebeziehung erfassen und die fehlenden Formen in der richtigen Farbe in die leeren Kästchen zeichnen.

3

Mehr – weniger – gleich viele

○ **1**

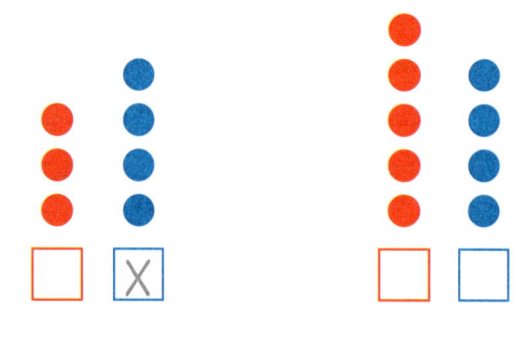

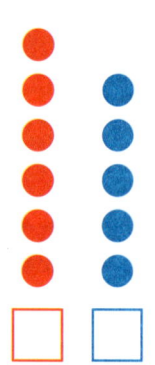

○ **2** Wo ist mehr?

○ **3** Wo ist mehr?

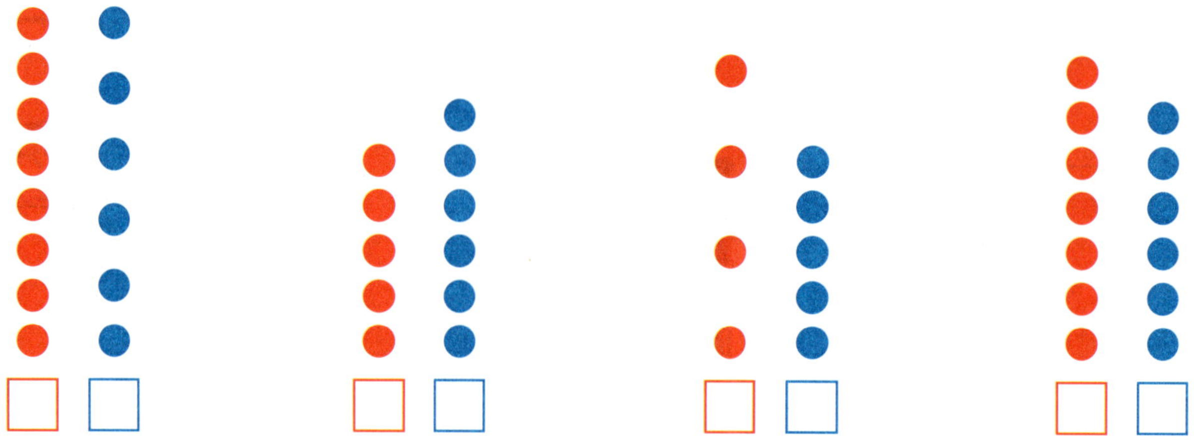

1 Mengen durch 1:1 Zuordnung vergleichen. **2, 3** Mengen vergleichen und entscheiden, wo mehr ist. Als Hilfestellung können die Plättchentürme durch 1:1 Zuordnung verglichen werden. Aufgaben bei Bedarf mit Plättchen nachlegen.

→ Schülerbuch, Seiten 8/9

Die Zahlen 1 und 2

1, 3 Immer die Anzahl 1 bzw. 2 einkreisen. 2, 4 Das Schreiben der Ziffern 1 und 2 durch Nachspuren und freie Schreibübungen trainieren.

→ Schülerbuch, Seiten 10 / 11

Die Zahlen 3 und 4

○ **1** `3`

○ **2** 3 3 3
3

3 3 3
3 2 3 2

○ **3** `4`

○ **4** 4 4
4

4 4 4
4 3 2 1 4 3 2 1

○ **5** `4`

2 ___ ___   ___ ___   ___ ___   ___ ___

1, 3 Immer die Anzahl 3 bzw. 4 einkreisen.   **2, 4** Das Schreiben der Ziffern durch Nachspuren und freie Schreibübungen trainieren.   **5** Passende Zahlen zur Zahlzerlegung notieren bzw. Anzahlen selbst zeichnen.

→ Schülerbuch, Seiten 12 / 13

Die Zahlen 5 und 6

○ **1** 5

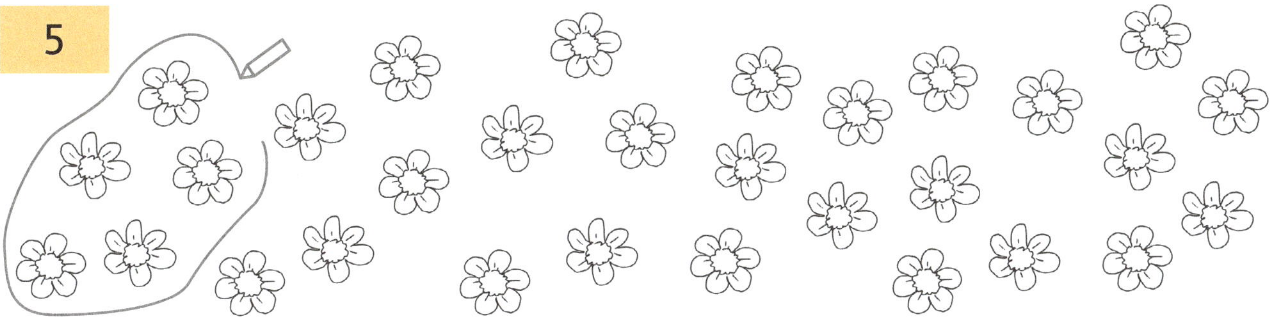

○ **2**

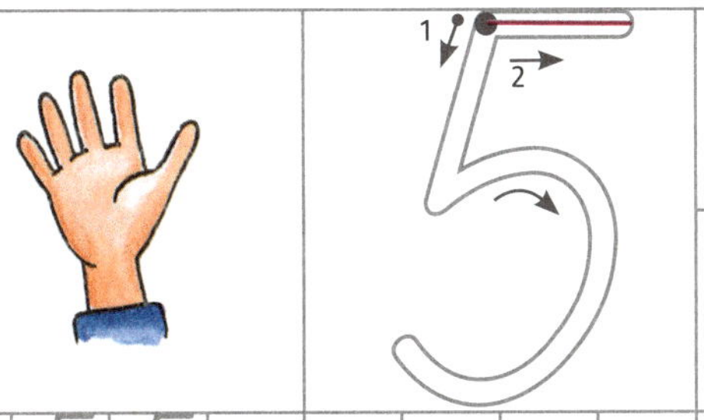

5 5 5

5 3 5 3

○ **3** 6

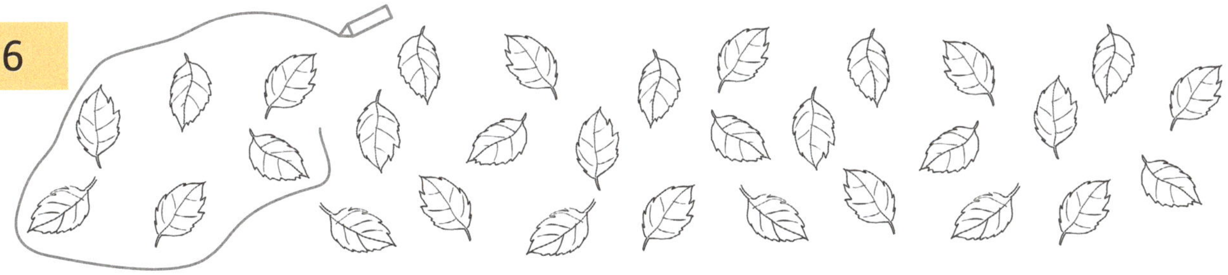

○ **4**

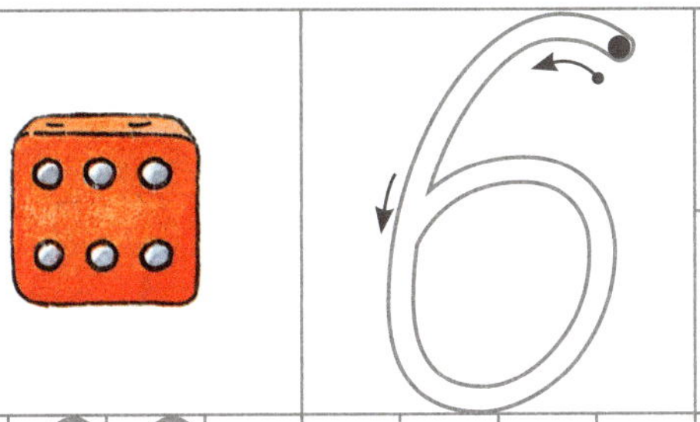

6 6 6

6 5 4 3 6 5 4 3

○ **5**

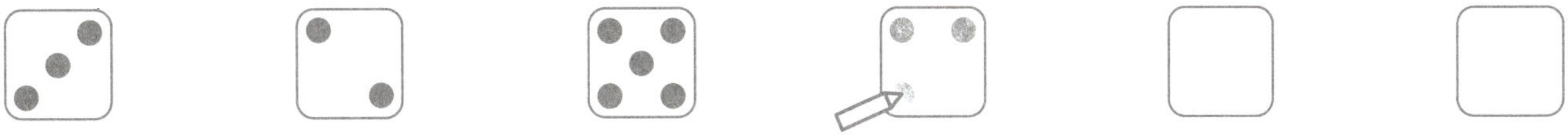

3 | | | 4 | 6 | 2

1, 3 Immer die Anzahl 5 bzw. 6 einkreisen. **2, 4** Das Schreiben der Ziffern durch Nachspuren und freie Schreibübungen trainieren. **5** Anzahl der Würfelaugen bestimmen oder vorgegebene Anzahlen mit Würfelpunkten zeichnerisch darstellen.

→ Schülerbuch, Seiten 14/15

Die Zahlen 7 und 8

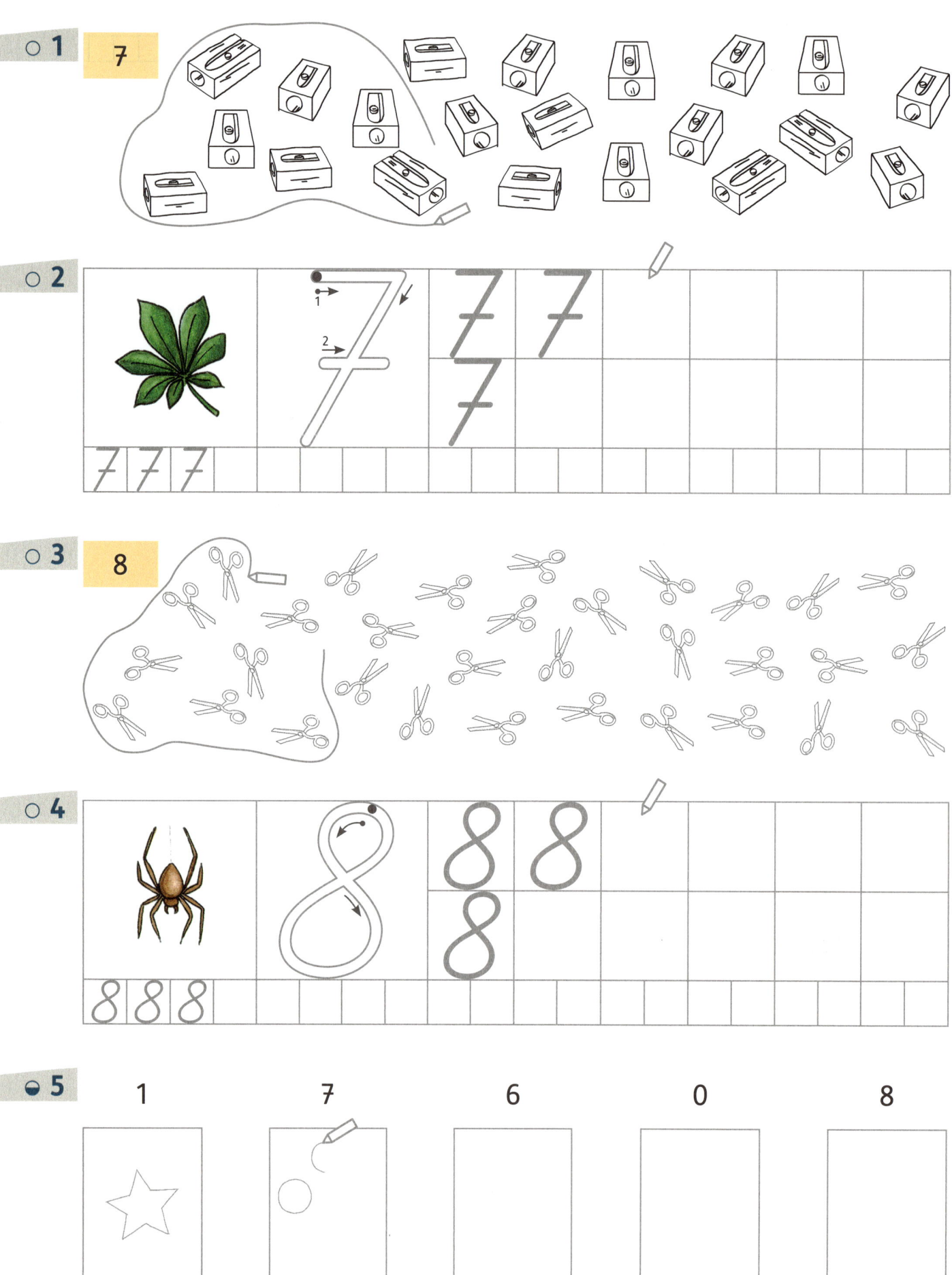

○ **1** | 7

○ **2**

○ **3** | 8

○ **4**

○ **5** | 1   7   6   0   8

8

1, 3 Immer die Anzahl 7 bzw. 8 einkreisen.   **2, 4** Das Schreiben der Ziffern durch Nachspuren und freie Schreibübungen trainieren.   **5** Fehlende Mengendarstellungen mit beliebigen Objekten ergänzen.

→ Schülerbuch, Seiten 16/17

Die Zahlen 9 und 10

1 | 9

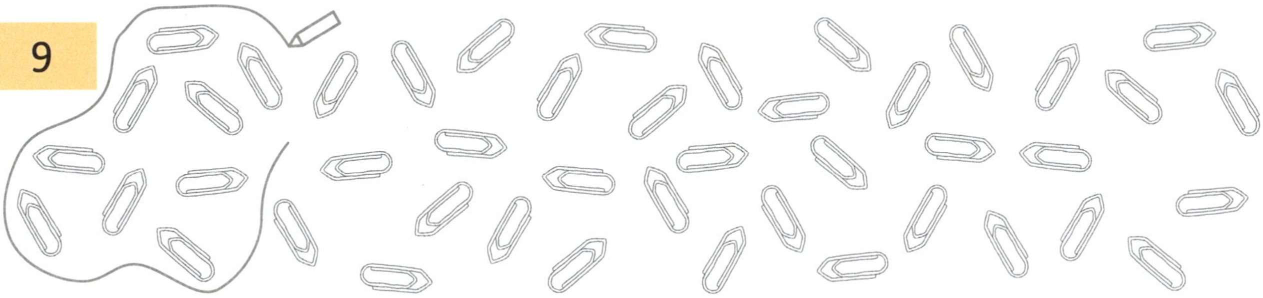

2 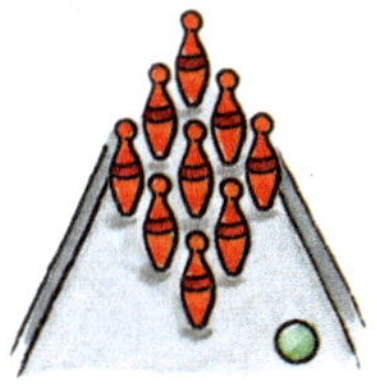 | 9 9 9 9 9 | 9 9 9

3 | 10

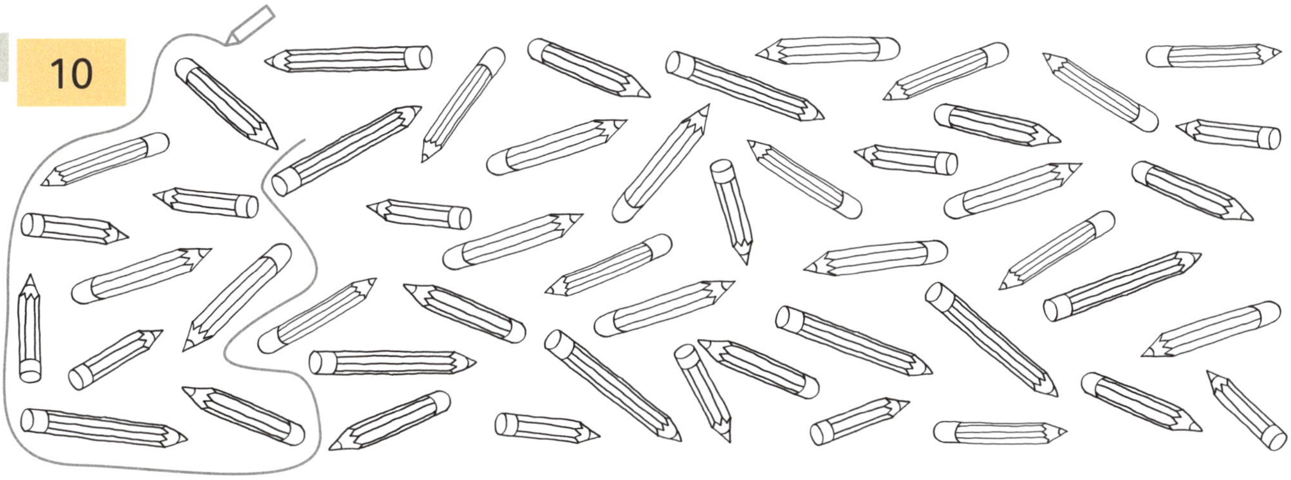

4 | 10 10 10 10 10 | 10 10

5 | 10

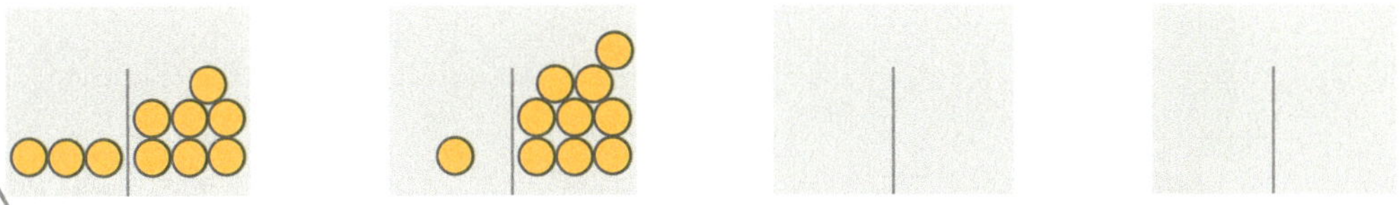

_____ _____ 8 _____ 5 _____

1, 3 Immer die Anzahl 9 bzw. 10 einkreisen. 2, 4 Das Schreiben der Ziffern durch Nachspuren und freie Schreibübungen trainieren. 5 Zerlegungen in den Schüttelboxen bestimmen bzw. zeichnen, ggf. mit Schüttelboxen arbeiten.

→ Schülerbuch, Seiten 18/19

Nachbarzahlen bis 10

1

| 0 | 1 | | | 5 | | | | | |

2

1	2			4					7
	5			1			2		
	7			8					10

3

Vorgänger	Z	Nachfolger
4	5	6
	6	
	7	
	8	
	9	

V	Z	N
3		
	3	
0		
		3
5		

V	Z	N
		2
4		
		5
6		
		9

4

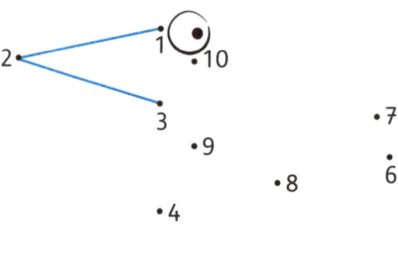

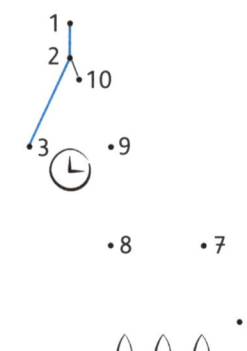
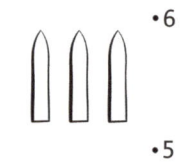

10

1 Die Zahlenreihe bis 10 vervollständigen. 2 Die fehlenden Nachbarzahlen eintragen und so die Zahlenreihe vervollständigen. 3 Vorgänger und Nachfolger bestimmen. 4 Die Zahlen jeweils der Reihe nach verbinden.

→ Schülerbuch, Seite 20

Zuerst 5

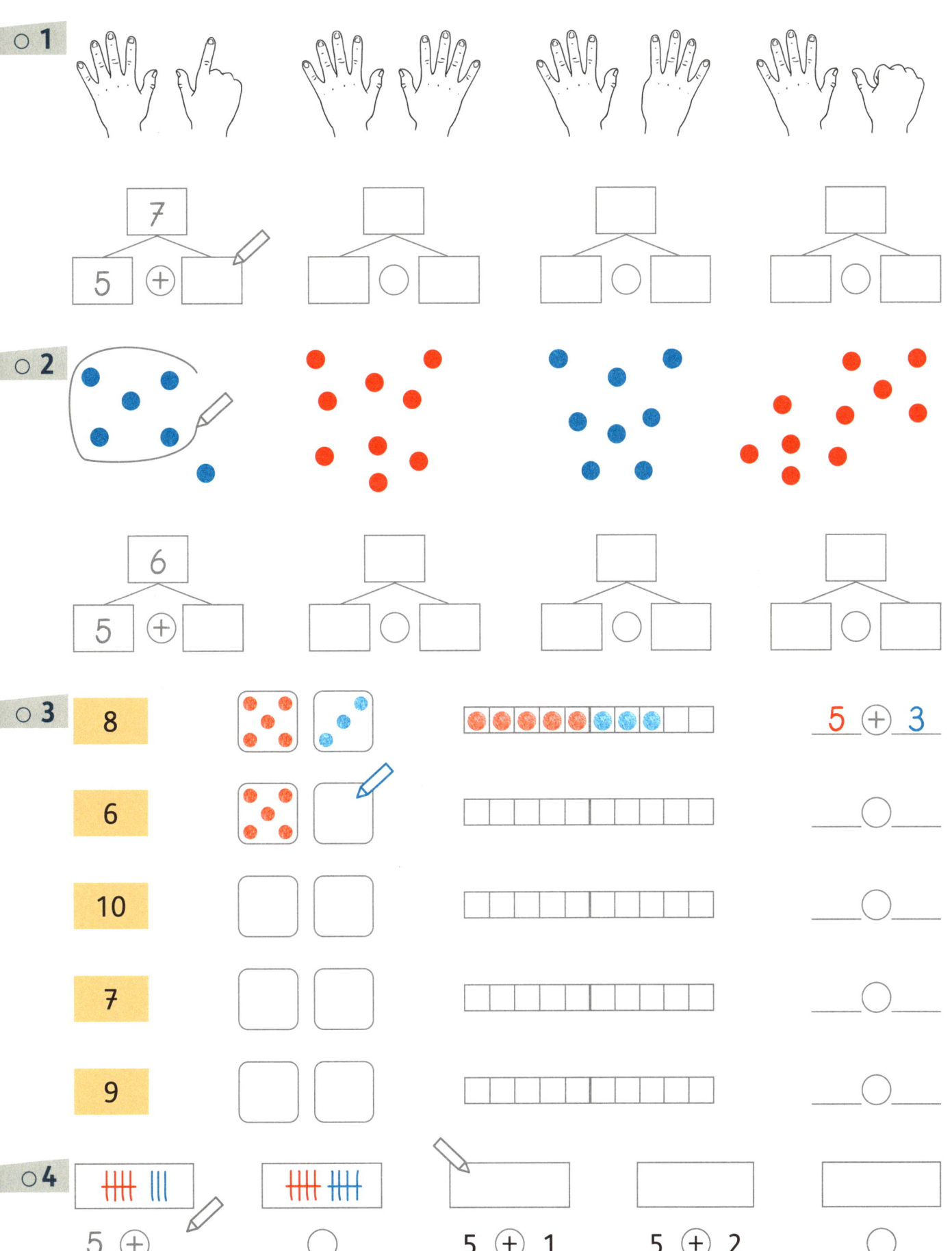

1 Die Fünferbündelung in die Strukturierungshilfe eintragen.   **2** Die Fünferbündelung als Strukturierungshilfe anwenden. Beim Einkreisen sind mehrere Lösungen möglich.   **3** Die Zahlen als Würfelbild, als Fünferbündelung im Zehnerfeld und als Term notieren.   **4** Die Fünferbündelung als Strichliste festigen und anwenden.

11

→ Schülerbuch, Seite 21

Anzahlen bestimmen

1 Wie viele?

 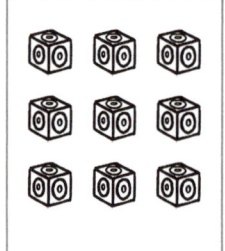 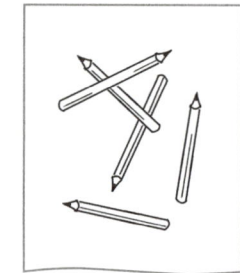 

_____   _____   _____   _____

2 Wo kannst du leicht zählen? Kreuze an und zähle.

Hier geht es leicht.

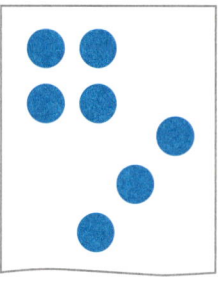 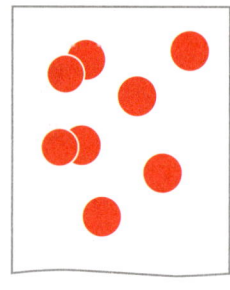 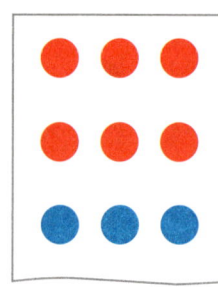

X   7   ☐   8   ☐   ____

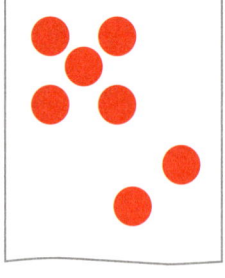 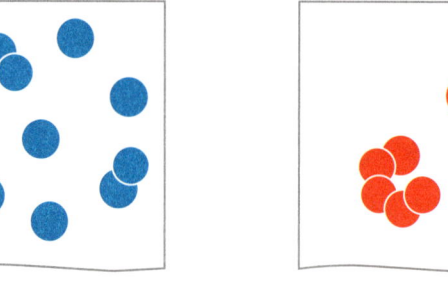 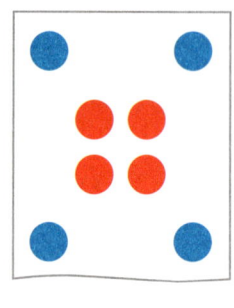

☐ ____   ☐ ____   ☐ ____   ☐ ____

3 Wo kannst du leicht zählen? Kreuze an und zähle.

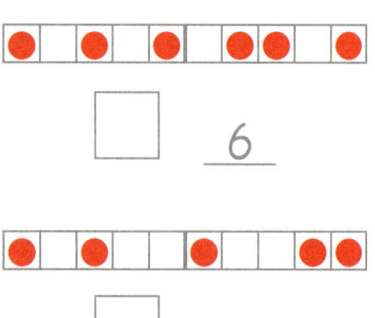 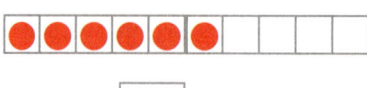 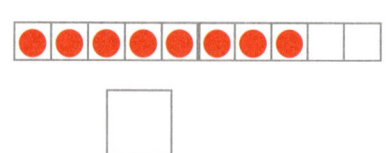

☐   6   X   6   ☐   ____

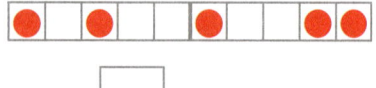 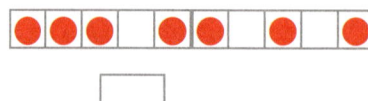 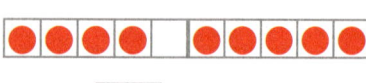

☐ ____   ☐ ____   ☐ ____

1 Strukturierte und unstrukturierte Mengen erfassen und Anzahl notieren. **2** Alle Anzahlen bestimmen. Mengen, die sich leicht zählen lassen, ankreuzen. **3** Anzahlen im Zehnerfeld bestimmen. Mengen, die sich leicht zählen lassen, ankreuzen und Anzahl notieren.

→ Schülerbuch, Seiten 22/23

Das Zehnerfeld

1 _____ 3 _____

_____

_____

_____

_____

_____

_____

_____

_____

_____

2 4

6

9

7

8

2

3

10

5

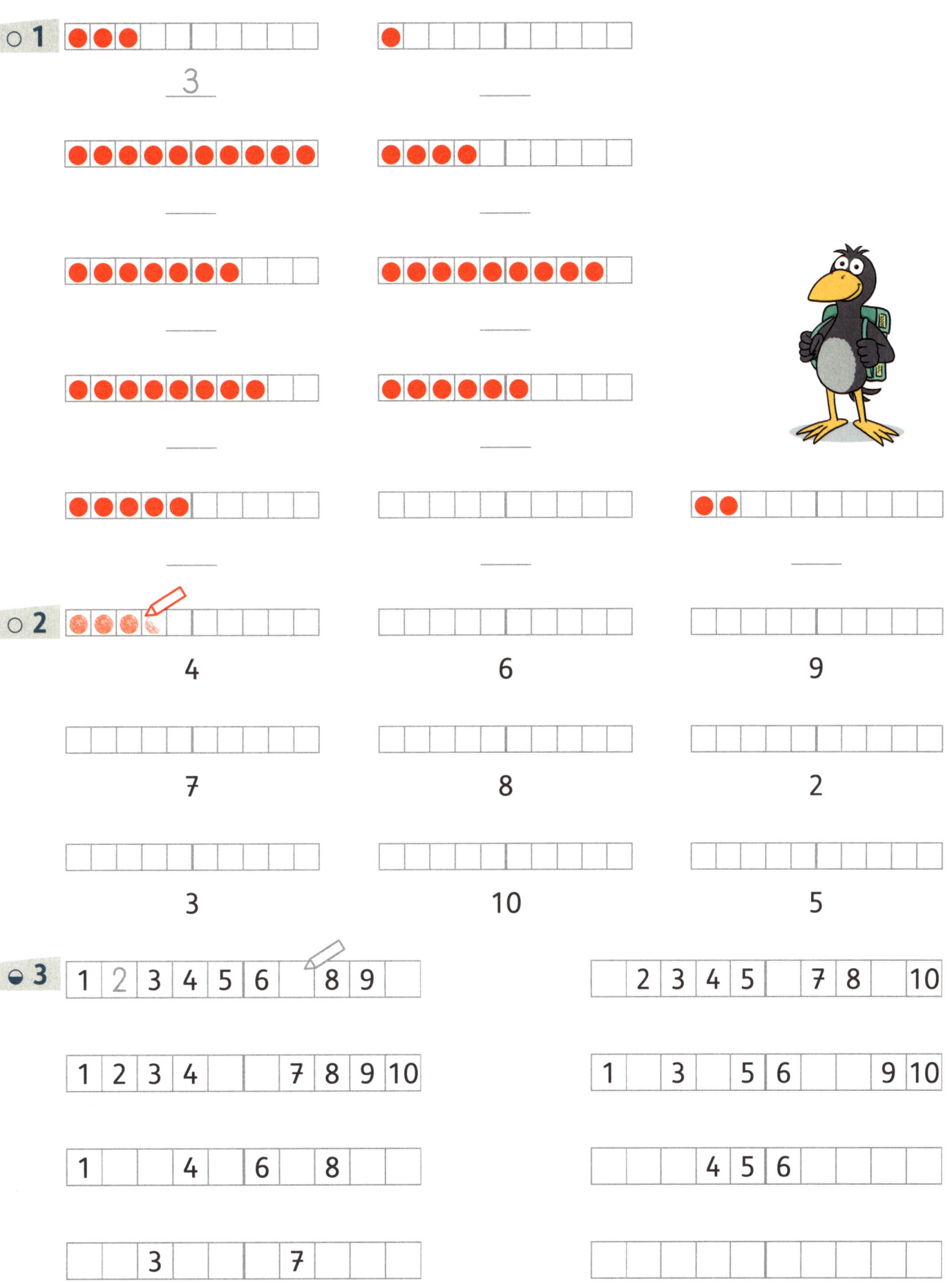

3

1	2	3	4	5	6		8	9	

	2	3	4	5		7	8		10

1	2	3	4			7	8	9	10

1		3		5	6			9	10

1			4		6		8		

				4	5	6			

		3				7			

1 Anzahlen im Zehnerfeld ablesen und entsprechende Zahlen notieren. **2** Entsprechende Plättchenzahl in das Zehnerfeld einzeichnen. **3** Zahlenreihen im Zehnerfeld vervollständigen.

13

→ Schülerbuch, Seite 25

Zahlen zerlegen: Schüttelboxen

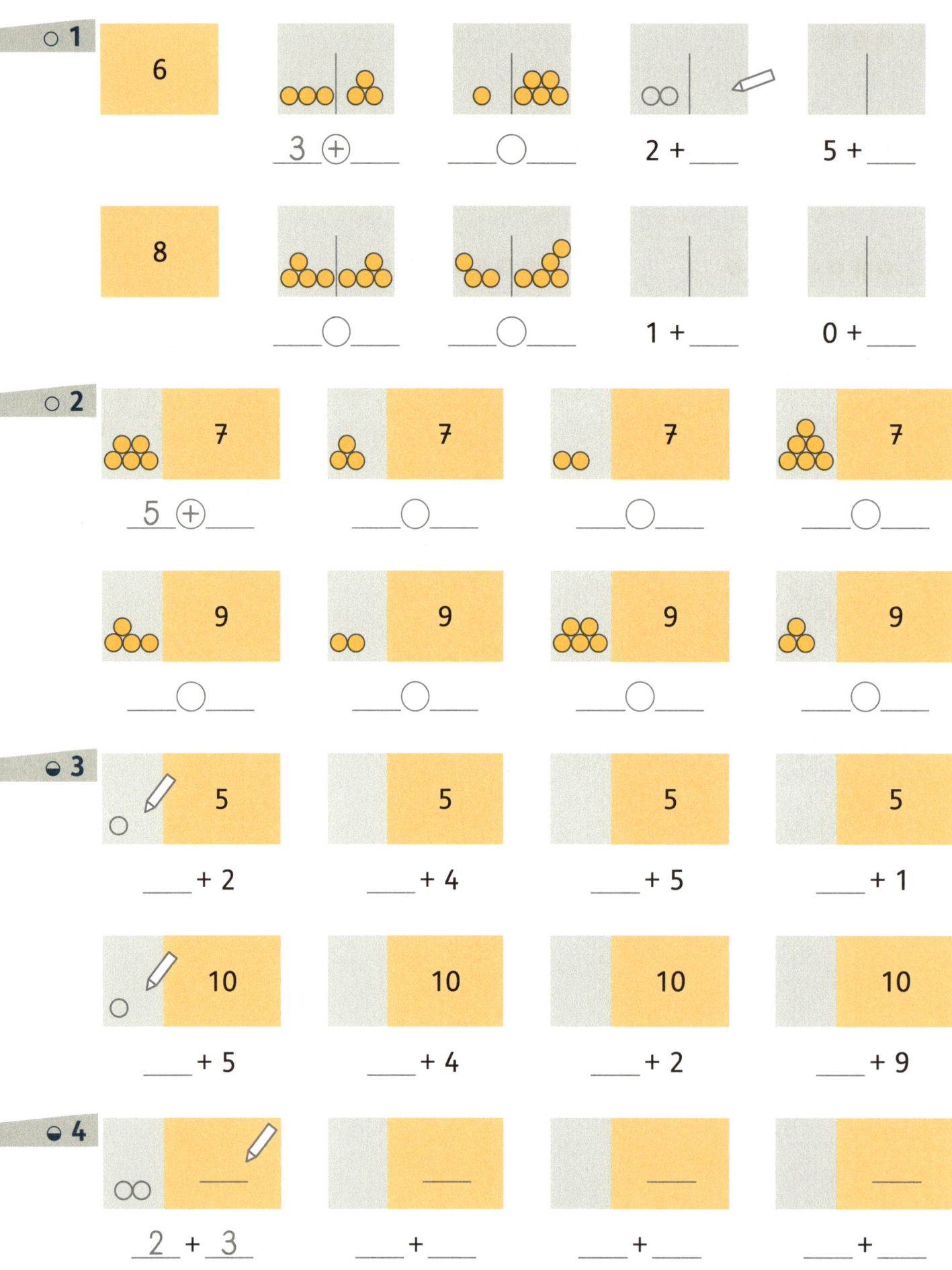

1

| 6 | | | | |

3 ⊕ ____   ____ ◯ ____   2 + ____   5 + ____

| 8 | | | | |

____ ◯ ____   ____ ◯ ____   1 + ____   0 + ____

2

| 7 | 7 | 7 | 7 |

5 ⊕ ____   ____ ◯ ____   ____ ◯ ____   ____ ◯ ____

| 9 | 9 | 9 | 9 |

____ ◯ ____   ____ ◯ ____   ____ ◯ ____   ____ ◯ ____

3

| 5 | 5 | 5 | 5 |

____ + 2   ____ + 4   ____ + 5   ____ + 1

| 10 | 10 | 10 | 10 |

____ + 5   ____ + 4   ____ + 2   ____ + 9

4

| | | | |

2 + 3   ____ + ____   ____ + ____   ____ + ____

1 Zerlegung notieren und in die Schüttelboxen einzeichnen.   **2** Anzahl der verdeckten Perlen bestimmen und Zerlegung notieren.   **3** Anzahl der nicht verdeckten Perlen bestimmen, einzeichnen und Zerlegung notieren.   **4** Zerlegung zu selbst gewählten Zahlen zeichnen und notieren.

→ Schülerbuch, Seiten 26/27

Zerlegung der 10

○ 1 Immer 10.

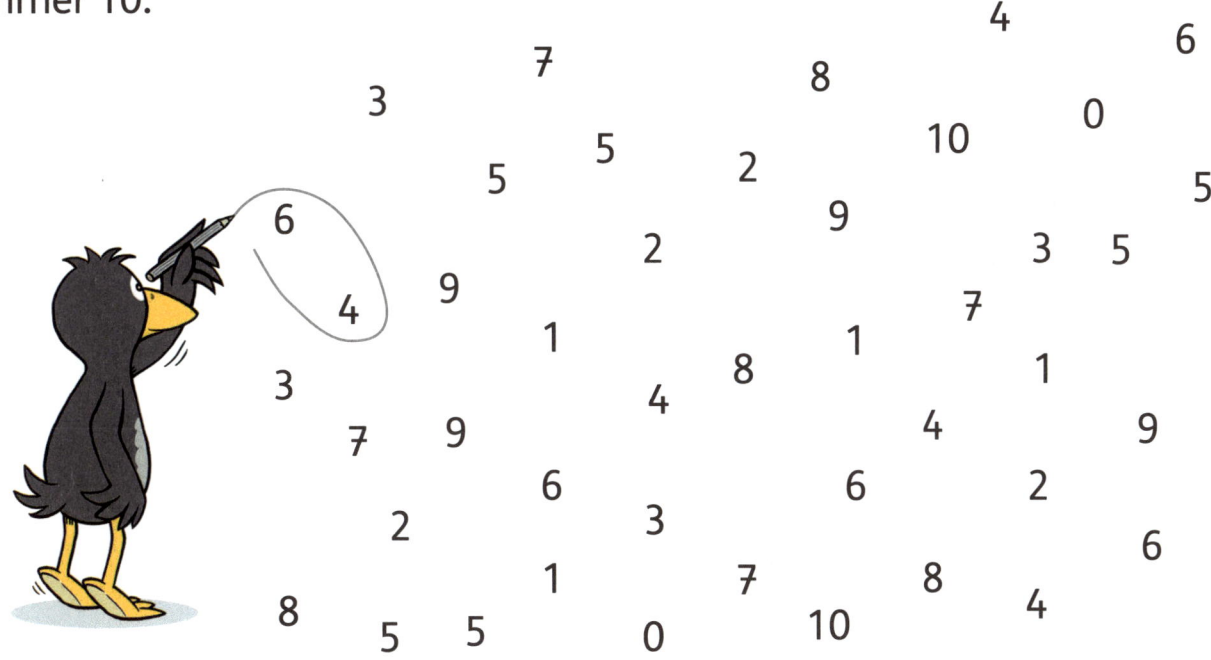

○ 2 Immer 10.

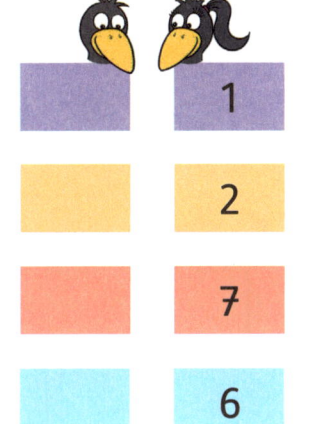

◐ 3 Immer 10.

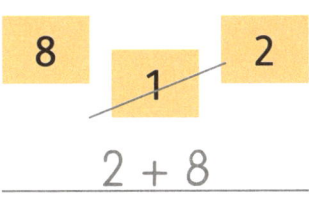

2 + 8

1 Immer zwei Zahlen einkreisen, deren Summe 10 ergibt.   **2** Zahl eintragen, die mit der Zahl im gleichfarbigen Feld 10 ergibt.
3 Immer zwei Karten ergeben zusammen 10. Überflüssige Karte streichen, Term notieren.

→ Schülerbuch, Seite 29

Zerlegungshäuser

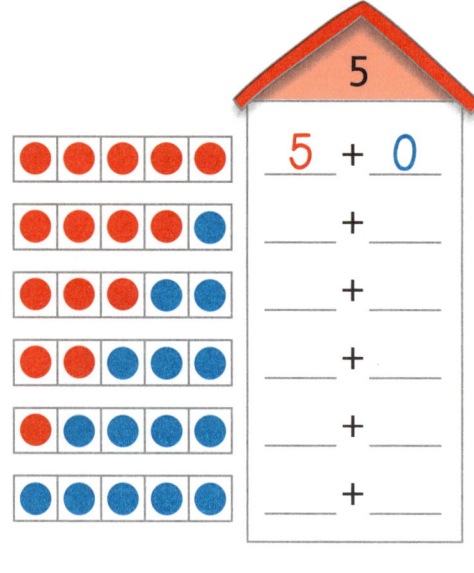

5

5 + 0
___ + ___
___ + ___
___ + ___
___ + ___
___ + ___

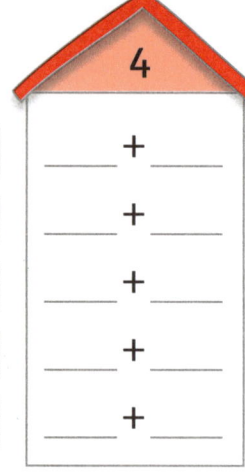

4

___ + ___
___ + ___
___ + ___
___ + ___
___ + ___

2

___ + ___
___ + ___
___ + ___

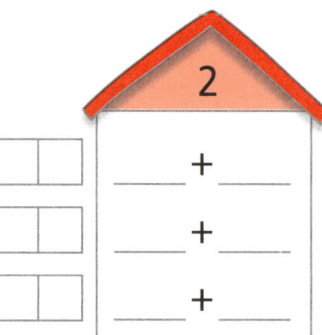

3

___ + ___
___ + ___
___ + ___
___ + ___

9

9 + ___
8 + ___
___ + ___
___ + ___
___ + ___
___ + ___
___ + ___
___ + ___
___ + ___
___ + ___

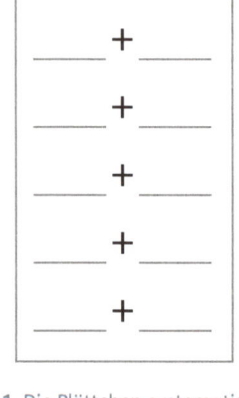

7

7 + 0
6 + ___
5 + ___
___ + ___
___ + ___
___ + ___
___ + ___
___ + ___

6

6 + ___
___ + ___
___ + ___
___ + ___
___ + ___
___ + ___
___ + ___

10

___ + ___
___ + ___
___ + ___
___ + ___
___ + ___
___ + ___
___ + ___
___ + ___
___ + ___

16

1 Die Plättchen systematisch färben und Zerlegung farbig notieren. 2 Zahlzerlegung systematisch notieren.

Ordnungszahlen

1 ☐ ☐ ☐ ☐ ☐ ☐ ☐ ☐ 2. 1.

2

🔴 ✏️ 1. 4. 8.   🔵 ✏️ 3. 5. 7. 9.   🟡 ✏️ 2. 6. 10.

3 ☐ ☐ 1. ☐ ☐ ☐

4 ☐ ☐ ☐ ☐ 1. ☐

1 Ordnungszahlen eintragen. 2 Ordnungszahlen eintragen und Lampions in der entsprechenden Farbe anmalen.
3, 4 Reihenfolge der Bilder erkennen und notieren.

17

→ Schülerbuch, Seite 32

Zahlen vergleichen

1

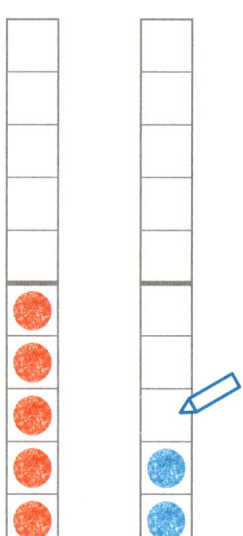 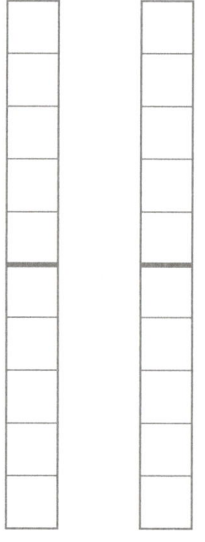

5 ◯ 3   2 ◯ 7   6 ◯ 6   9 ◯ 8

2

2 ⧀ 5   ___ ◯ ___   ___ ◯ ___   ___ ◯ ___

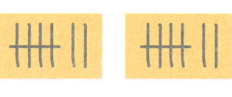  

___ ◯ ___   ___ ◯ ___   ___ ◯ ___   ___ ◯ ___

3

1 ⧀ 3	7 ◯ 9	10 ◯ 3	0 ◯ 6
2 ◯ 3	7 ◯ 8	10 ◯ 0	1 ◯ 1
3 ◯ 3	7 ◯ 7	6 ◯ 2	8 ◯ 9
4 ◯ 3	7 ◯ 6	9 ◯ 3	5 ◯ 10
5 ◯ 3	7 ◯ 5	4 ◯ 8	2 ◯ 1

4

2 = ___	5 = ___	9 = ___	7 = ___	___ = ___
2 < ___	5 < ___	9 < ___	7 < ___	___ < ___
2 < ___	5 < ___	9 > ___	7 < ___	___ < ___
2 > ___	5 > ___	9 > ___	7 > ___	___ > ___
___ > ___	___ > ___	___ > ___	___ > ___	___ > ___

1 Anzahl der Plättchen entsprechend der Vorgabe in das Zehnerfeld einzeichnen. Anzahlen vergleichen und passendes Relationszeichen eintragen.   2 Für Strichdarstellungen Zahlen notieren und vergleichen.   3 Zahlen vergleichen und passendes Relationszeichen eintragen.   4 Fehlende Zahlen entsprechend des Relationszeichens eintragen. Verschiedene Lösungen sind möglich.

→ Schülerbuch, Seite 33

Wiederholung

1

4	___	___	___	___	___

3	5	7	4	10	8

2

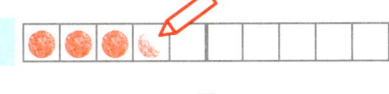

5

3

6

4

9

7

8

0

10

3

V	Z	N
4	5	6
	2	
	9	
	6	
	8	

V	Z	N
8		
		7
2		
		9
4		

V	Z	N
		8
7		
		2
		3
		4

V	Z	N
6		
	3	
	1	
		6
5		

4

2 5 2 5

0 8 0 8

9 6 9 6

1 4 7 5 1 4 7 5

3 6 2 8 3 6 2 8

1 Mengen als Zahl bzw. Strichliste darstellen. 2 Punktedarstellung im Zehnerfeld eintragen. 3 Vorgänger und Nachfolger von Zahlen bestimmen. 4 Muster in den Zahlen erkennen und fortsetzen.
Selbst einschätzen, wie erfolgreich die Seite bearbeitet wurde, und entsprechenden Raben ankreuzen.

19

→ Schülerbuch, Seiten 34/35

Knobeln mit Formen

1 Knack den Tresor.

2 Knack den Tresor. Finde jeweils 2 Lösungen.

20

1, 2 Das Muster jeweils so ergänzen, dass entweder in einer Reihe nur die gleiche Form (z. B. Herzen) oder nur eine Farbe (z. B. alle Formen sind blau) vorkommen. 2 Jeweils zwei verschiedene Lösungen finden.

→ Schülerbuch, Seite 37

Plus: Es werden mehr

1

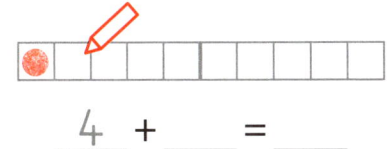

____4____ + _____ = _____   _____ + _____ = _____   _____ + _____ = _____

2

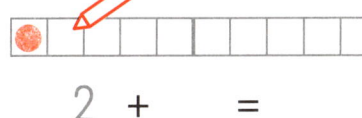  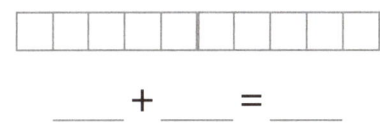

____2____ + _____ = _____   _____ + _____ = _____   _____ + _____ = _____

3

_____ + _____ = _____   _____ + _____ = _____   _____ + _____ = _____

_____ + _____ = _____   _____ + _____ = _____   _____ + _____ = _____

1, 2 Additionsaufgaben erkennen. Aufgaben mit Plättchen legen und einzeichnen. Aufgaben schreiben und rechnen.
3 Es können jeweils verschiedene Aufgaben gebildet werden.

21

→ Schülerbuch, Seiten 38/39

Plusaufgaben finden

1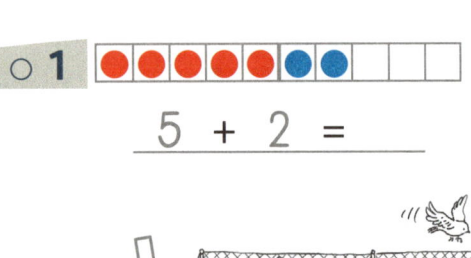

5 + 2 = _____

_____ + _____ = _____

_____ + _____ = _____

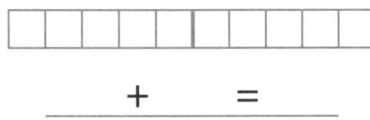

_____ + _____ = _____

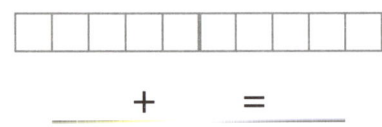

_____ + _____ = _____

2

1 + _____ = _____

_____ + _____ = _____

_____ + _____ = _____

_____ + _____ = _____

_____ + _____ = _____

_____ + _____ = _____

_____ + _____ = _____

_____ + _____ = _____

_____ + _____ = _____

_____ + _____ = _____

_____ + _____ = _____

_____ + _____ = _____

3

7 + 2 = _____

2 + 6 = _____

3 + 7 = _____

4 + 0 = _____

1 + 5 = _____

6 + 3 = _____

1 Additionsaufgaben im Bild finden, einkreisen und mit Zehnerfeld verbinden. Plättchen legen, einzeichnen, schreiben und rechnen.   **2** Additionsaufgaben dem Zehnerfeld entnehmen. Mit Plättchen legen, schreiben und rechnen.   **3** Additionsaufgaben einzeichnen und die Lösung eintragen.

→ Schülerbuch, Seite 40/41

Plusaufgaben üben

1 Rechne und kontrolliere. Eine Zahl bleibt jeweils übrig.

4 + 4 = _8_	1 + 1 = ____	3 + 5 = ____	3 + 4 = ____
3 + 0 = ____	7 + 0 = ____	8 + 0 = ____	5 + 0 = ____
0 + 1 = ____	1 + 6 = ____	1 + 2 = ____	9 + 1 = ____
2 + 1 = ____	2 + 3 = ____	1 + 5 = ____	5 + 5 = ____
6 + 2 = ____	0 + 5 = ____	0 + 3 = ____	1 + 4 = ____

 1 1 3 3 8̶ 8   2 2 5 5 7̶ 7̶   3 3 6 6 8 8   5 5 7̶ 7̶ 10 10

2 Rechne und kontrolliere. Eine Zahl bleibt jeweils übrig.

2 + 5 = ____	7̶ + 1 = ____	5 + 4 = ____	4 + 2 = ____
0 + 2 = ____	1 + 9 = ____	2 + 7̶ = ____	5 + 3 = ____
6 + 3 = ____	3 + 2 = ____	4 + 6 = ____	7̶ + 0 = ____
0 + 7̶ = ____	3 + 7̶ = ____	0 + 0 = ____	1 + 7̶ = ____
8 + 1 = ____	4 + 1 = ____	6 + 4 = ____	4 + 3 = ____

 2 2 7̶ 7̶ 9 9   5 5 8 8 10 10   0 0 9 9 10 10   6 6 7̶ 7̶ 8 8

3 Male richtig aus.

3 + 6	1 + 8	3 + 3	3 + 1	4 + 2

2 + 7	4 + 5	6 + 0	4 + 0

7 + 2

 4  9  6  7

0 + 4

1 + 3	2 + 4	2 + 2	5 + 1	0 + 9	0 + 6

_3_ + _4_	___ + ___	___ + ___	___ + ___	___ + ___

1, 2 Additionsaufgaben lösen und mit den grünen Lösungszahlen selbst kontrollieren. Pro Päckchen bleibt eine Lösungszahl übrig.   **3** Aufgabenkarten mit der passenden Farbe ausmalen. Passende Additionsaufgaben für das Ergebnis 7 finden.

23

→ Schülerbuch, Seite 41

Tauschaufgaben

1

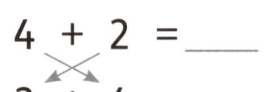 

4 + 2 = ___   1 + 4 = ___   9 + 0 = ___

2 + 4 = ___   4 + 1 = ___   0 + 9 = ___

7 + 1 = ___   2 + 5 = ___   10 + 0 = ___

___ + 7 = ___   ___ + 2 = ___   ___ + 10 = ___

2

1 + 8 = ___   3 + 7 = ___   2 + 3 = ___   0 + 3 = ___

8 + _____   _____   _____   _____

6 + 4 = ___   2 + 8 = ___   0 + 5 = ___   3 + 6 = ___

_____   _____   _____   _____

3

 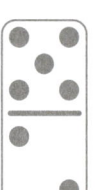 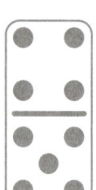 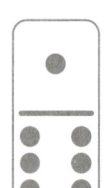

3 + 4 = ___   _____   _____   _____

4 + 3 = ___   _____   _____   _____

4

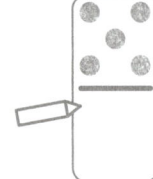   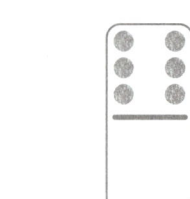

_____   _____   _____   _____

24

1 Aufgabe und Tauschaufgabe legen, zeichnen und notieren.   **2** Aufgaben und Tauschaufgaben ausrechnen.
3 Durch Drehen des Heftes zu den Dominosteinen Aufgabe und Tauschaufgabe notieren und ausrechnen.
4 Punktemuster selbst wählen. Die entsprechende Aufgabe und Tauschaufgabe notieren und lösen.

→ Schülerbuch, Seite 42

Aufgabenrollen

○ 1

2 + 1 = _3_	7 + 1 = ___	5 + 0 = ___
2 + 2 = ___	6 + 2 = ___	4 + 2 = ___
2 + 3 = ___	5 + 3 = ___	3 + 4 = ___
2 + 4 = ___	4 + 4 = ___	2 + 6 = ___
2 + 5 = ___	3 + 5 = ___	1 + 8 = ___
2 + 6 = ___	2 + 6 = ___	0 + 10 = ___

○ 2

2 + 2 = ___	2 + 8 = ___	0 + 6 = ___
3 + 2 = ___	3 + 7 = ___	1 + 5 = ___
4 + 2 = ___	4 + 6 = ___	2 + 4 = ___
5 + 2 = ___	5 + 5 = ___	3 + 3 = ___
___ + ___ = ___	___ + ___ = ___	___ + ___ = ___
___ + ___ = ___	___ + ___ = ___	___ + ___ = ___
___ + ___ = ___	___ + ___ = ___	___ + ___ = ___

◑ 3

		●
4 + 1 = ___	2 + 1 = ___	1 + 2 = ___
4 + 2 = ___	2 + 3 = ___	___ + ___ = ___
3 + 3 = ___	3 + 1 = ___	___ + ___ = ___
3 + 4 = ___	3 + 3 = ___	___ + ___ = ___
2 + ___ = ___	4 + ___ = ___	___ + ___ = ___
___ + ___ = ___	___ + ___ = ___	___ + ___ = ___
___ + ___ = ___	___ + ___ = ___	___ + ___ = ___

Hinter der Linie wird es schwieriger.

1 Aufgabenrollen ausrechnen. 2, 3 Aufgabenrollen ausrechnen. Dabei arithmetische Muster entdecken und fortführen.
3 Rechts der Differenzierungslinie: Eine eigene Aufgabenrolle finden und lösen.

25

→ Schülerbuch, Seite 43

Einfache Plusaufgaben

1

10 + 0 = ____
9 + 0 = ____
8 + 0 = ____
7 + 0 = ____
6 + 0 = ____
5 + 0 = ____

5 + 5 = ____
6 + 4 = ____
7 + 3 = ____
8 + 2 = ____
9 + 1 = ____
10 + 0 = ____

5 + 5 = ____
4 + 4 = ____
3 + 3 = ____
2 + 2 = ____
1 + 1 = ____
0 + 0 = ____

2 Rechne aus und male an.

mit 0	mit Ergebnis 10	mit Verdoppeln

3 + 7 = ____

3 + 3 = ____

0 + 4 = ____

2 + 2 = ____

0 + 7 = ____

9 + 1 = ____

4 + 4 = ____

8 + 2 = ____

5 + 0 = ____

3

5 + 5 = ____
0 + 8 = ____
1 + 9 = ____
10 + 0 = ____

2 + 8 = ____
0 + 2 = ____
8 + 0 = ____
4 + 6 = ____

4 + 0 = ____
9 + 1 = ____
0 + 0 = ____
3 + 3 = ____

9 + 0 = ____
4 + 4 = ____
0 + 5 = ____
7 + 3 = ____

7 8 10 10 10

2 8 9 10 10

0 4 6 10 10

5 8 9 9 10

4 Finde eigene Aufgaben.

mit 0	mit Ergebnis 10	mit Verdoppeln

____ + ____ = ____   ____ + ____ = ____   ____ + ____ = ____

____ + ____ = ____   ____ + ____ = ____   ____ + ____ = ____

____ + ____ = ____   ____ + ____ = ____   ____ + ____ = ____

1 Aufgabenrollen mit 0, mit 10 und mit Verdoppeln lösen.   **2** Aufgaben mit 0, mit 10 und mit Verdoppeln lösen und mit der passenden Farbe ausmalen.   **3** Gemischte Aufgaben mit 0, mit 10 und mit Verdoppeln lösen und selbst kontrollieren. Jeweils eine Lösungszahl bleibt übrig.   **4** Eigene Aufgaben mit 0, mit 10 und mit Verdoppeln finden und lösen.

→ Schülerbuch, Seite 44

Plusaufgaben und Ergänzen üben

1 Ergänze und kontrolliere. Eine Zahl bleibt jeweils übrig.

$2 + \underline{\ 3\ } = 5$	$2 + \underline{\quad} = 8$	$2 + \underline{\quad} = 7$	$6 + \underline{\quad} = 10$
$1 + \underline{\quad} = 8$	$4 + \underline{\quad} = 8$	$4 + \underline{\quad} = 10$	$1 + \underline{\quad} = 4$
$0 + \underline{\quad} = 3$	$7 + \underline{\quad} = 9$	$9 + \underline{\quad} = 9$	$2 + \underline{\quad} = 10$
$3 + \underline{\quad} = 8$	$5 + \underline{\quad} = 7$	$5 + \underline{\quad} = 10$	$0 + \underline{\quad} = 8$
$2 + \underline{\quad} = 9$	$3 + \underline{\quad} = 7$	$2 + \underline{\quad} = 8$	$7 + \underline{\quad} = 10$

🔑 2̶ 3 5 5 7̶ 7 | 2 2 4 4 6 6 | 0 0 5 5 6 6 | 3 3 4 4 8 8

2 Rechne aus und male an.

$1 + \underline{\ 4\ } = 5$

$2 + \underline{\quad} = 10$

 2  4  6  8

$1 + \underline{\quad} = 7$

$1 + \underline{\quad} = 9$

$7 + \underline{\quad} = 9$	$3 + \underline{\quad} = 9$	$2 + \underline{\quad} = 4$	$0 + \underline{\quad} = 6$
$4 + \underline{\quad} = 8$	$0 + \underline{\quad} = 8$	$0 + \underline{\quad} = 4$	$8 + \underline{\quad} = 10$

3

$\underline{\quad} + 3 = 9$	$\underline{\quad} + 4 = 10$	$\underline{\quad} + 2 = 4$	$\underline{\quad} + 0 = 6$
$\underline{\quad} + 8 = 8$	$\underline{\quad} + 7 = 8$	$\underline{\quad} + 6 = 7$	$\underline{\quad} + 4 = 9$
$\underline{\quad} + 5 = 7$	$\underline{\quad} + 5 = 9$	$\underline{\quad} + 9 = 10$	$\underline{\quad} + 10 = 10$
$\underline{\quad} + 2 = 5$	$\underline{\quad} + 3 = 6$	$\underline{\quad} + 1 = 3$	$\underline{\quad} + 8 = 9$
$\underline{\quad} + 6 = 8$	$\underline{\quad} + 1 = 5$	$\underline{\quad} + 5 = 8$	$\underline{\quad} + 2 = 7$

4

$1 + 0 + 2 = \underline{\quad}$	$1 + 1 + 3 = \underline{\quad}$	$4 + 1 + \underline{\quad} = 10$
$1 + 5 + 1 = \underline{\quad}$	$1 + 2 + 2 = \underline{\quad}$	$2 + 0 + \underline{\quad} = 10$
$3 + 2 + 0 = \underline{\quad}$	$1 + 0 + 1 = \underline{\quad}$	$3 + 6 + \underline{\quad} = 10$
$2 + 4 + 1 = \underline{\quad}$	$5 + 2 + 2 = \underline{\quad}$	$5 + 4 + \underline{\quad} = 10$
$0 + 2 + 1 = \underline{\quad}$	$3 + 2 + 4 = \underline{\quad}$	$2 + 3 + \underline{\quad} = 10$

🔑 3 3 5 5 7̶ 7 | 2 2 5 5 9 9 | 1 1 5 5 8 8

1 Ergänzungsaufgaben lösen und mit den grünen Lösungszahlen selbst kontrollieren. Pro Päckchen bleibt eine Lösungszahl übrig. 2 Ergänzungsaufgaben lösen und mit der passenden Farbe ausmalen. Eigene passende Additionsaufgaben finden. 3 Additionsaufgaben lösen. 4 Additionsaufgaben und Ergänzungsaufgaben mit drei Summanden lösen.

 27

→ Schülerbuch, Seite 46

Formen

1 Färbe und zähle die Formen.

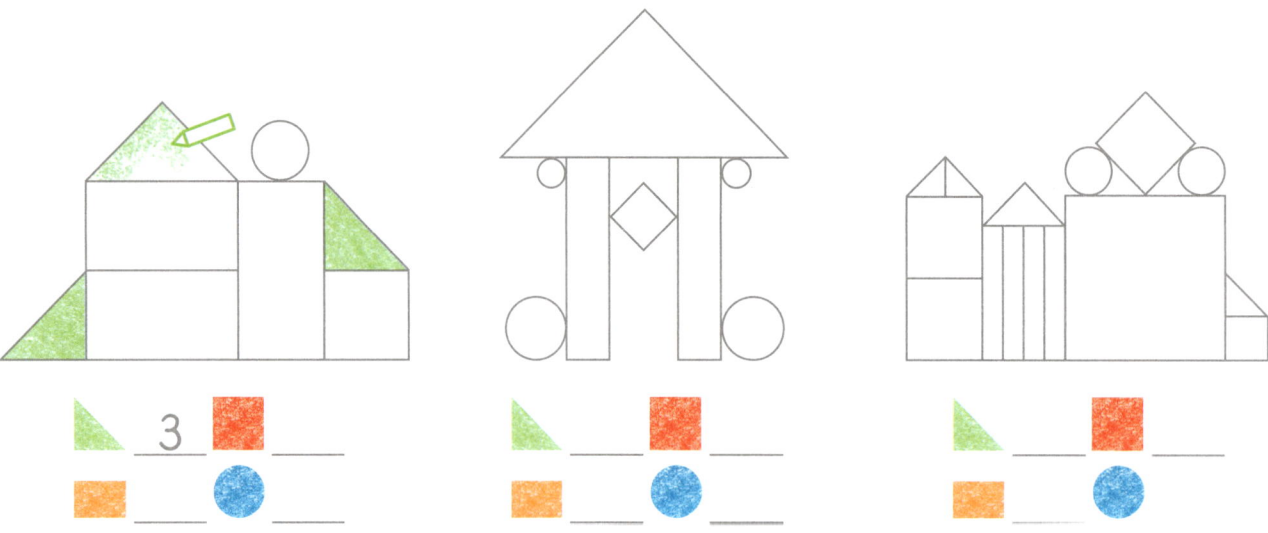

2 Färbe und zähle die Formen.

3 Zeichne dein Traumauto. Färbe und zähle die Formen.

1, 2 Gleiche Formen in jeweils gleicher Farbe färben und die Anzahl der verwendeten Formen notieren.
3 Eigenes Traumauto zeichnen, nach eigenen Vorgaben färben und Anzahl der verwendeten Formen notieren.

→ Schülerbuch, Seite 47

Figuren legen

1 Lege aus. Zähle und zeichne.

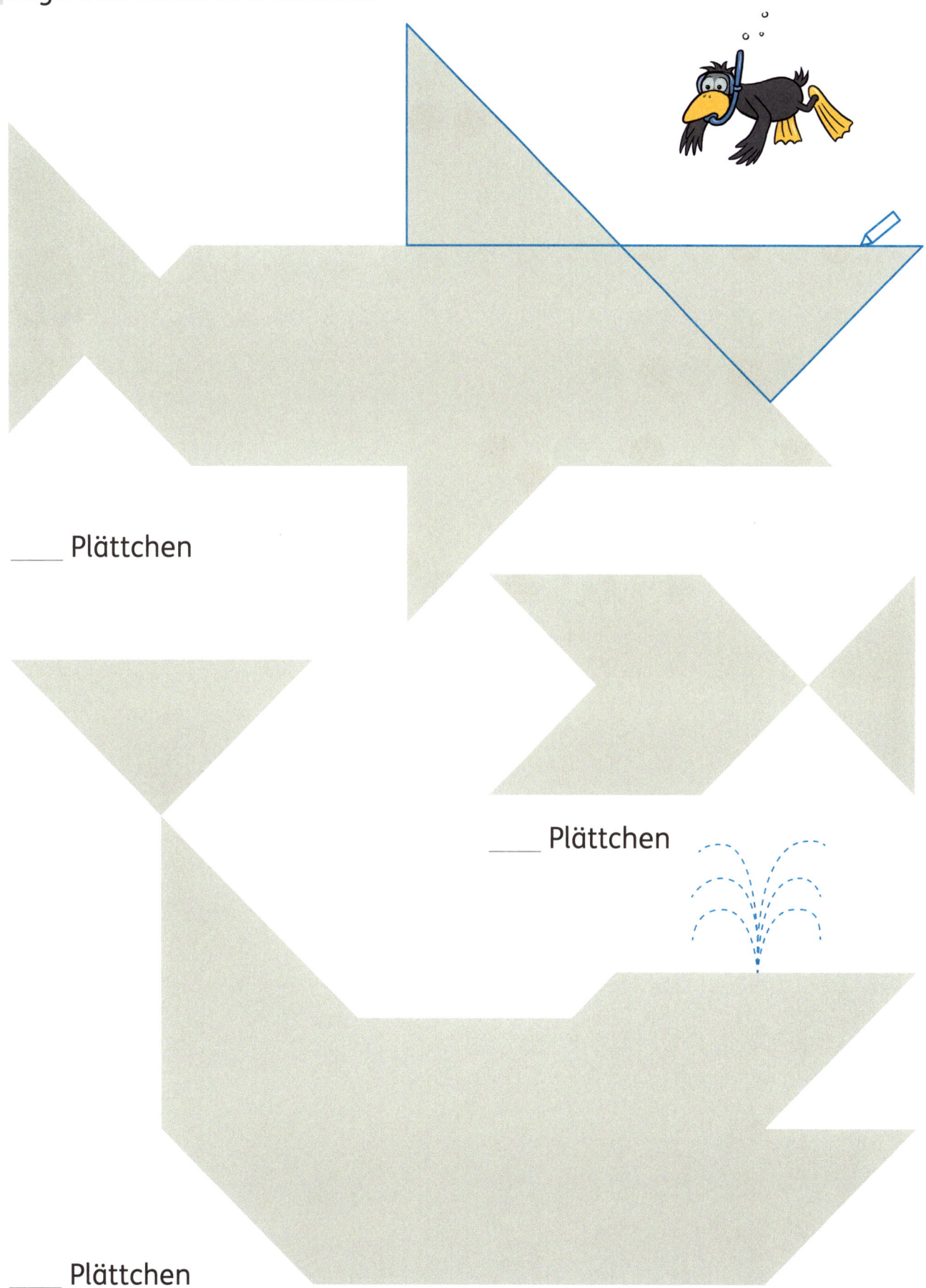

_____ Plättchen

_____ Plättchen

_____ Plättchen

1 Figuren mit Geoplättchen aus der Schülerbuch-Beilage auslegen. Umrisslinien der jeweils verwendeten Formen einzeichnen. Dazu können Geoplättchen als Schablone verwendet werden. Anzahl der verwendeten Geoplättchen notieren.

→ Schülerbuch, Seite 48

Muster

○ 1 Wie geht es weiter?

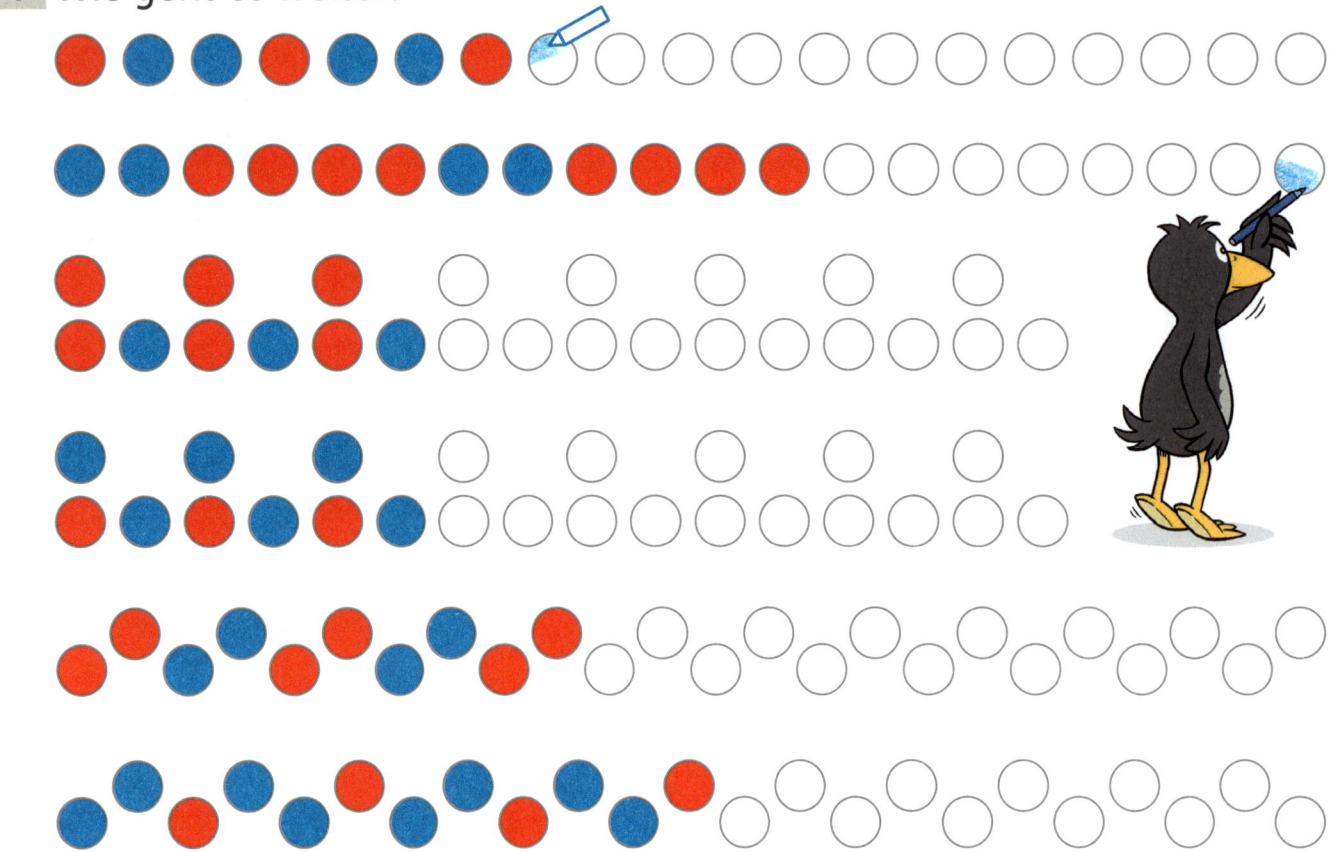

○ 2 Wie geht es weiter? Zeichne.

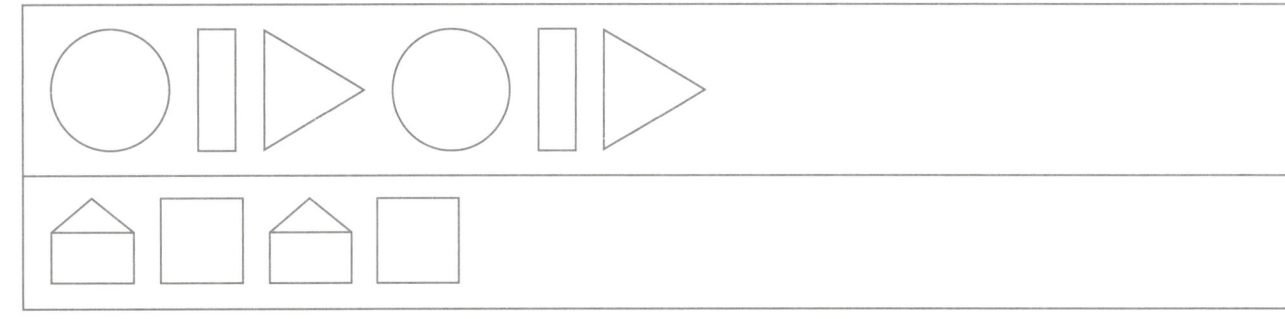

◒ 3 Zeichne eigene Muster.

1 Muster erkennen und fortführen. Die Muster können auch gelegt werden. Beim Zeichnen kann es helfen, das Grundmuster zunächst zu markieren. **2** Muster erkennen, fortführen und evtl. mustertreu anmalen. **3** Eigene Muster finden und färben.

→ Schülerbuch, Seite 49

Minus: Es werden weniger

○ **1**

____ — ____ = ____   ____ — ____ = ____   ____ — ____ = ____

○ **2**

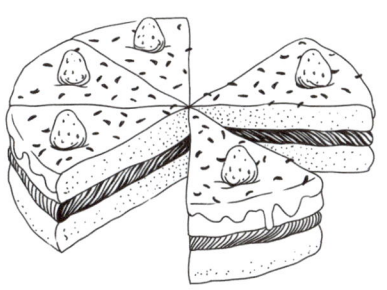

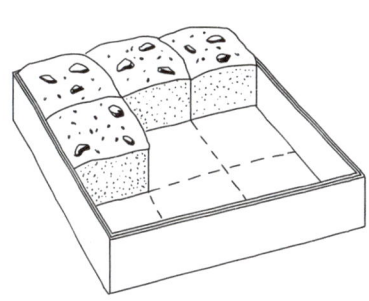

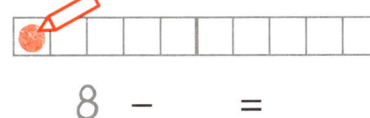

8 — ____ = ____   ____ — ____ = ____   ____ — ____ = ____

◐ **3**

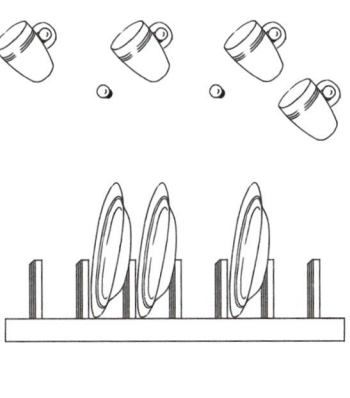

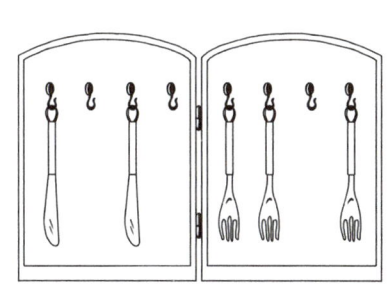

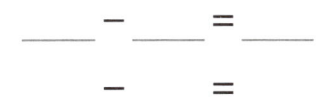

6 — 2 = ____   ____ — ____ = ____   ____ — ____ = ____

____ — ____ = ____   ____ — ____ = ____   ____ — ____ = ____

1, 2 Subtraktionsaufgaben erkennen. Aufgaben mit Plättchen legen und einzeichnen. Aufgaben schreiben und rechnen.
3 Es können jeweils verschiedene Aufgaben gebildet werden.

31

→ Schülerbuch, Seiten 50/51

Minusaufgaben finden

1

3 – ___ =

___ – ___ =

___ – ___ =

___ – ___ =

___ – ___ =

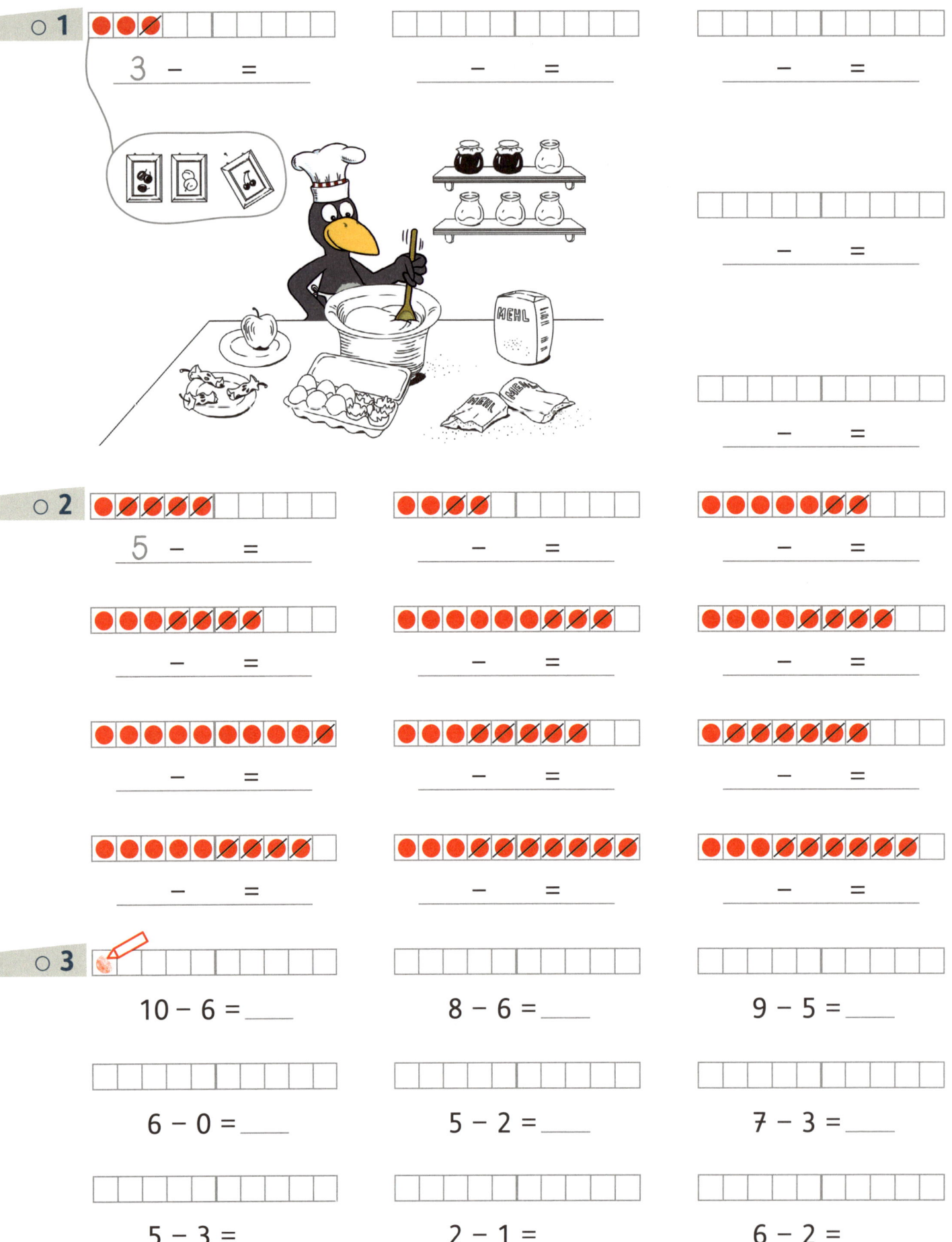

2

5 – ___ =

___ – ___ =

___ – ___ =

___ – ___ =

___ – ___ =

___ – ___ =

___ – ___ =

___ – ___ =

___ – ___ =

___ – ___ =

___ – ___ =

___ – ___ =

3

10 – 6 = ___

8 – 6 = ___

9 – 5 = ___

6 – 0 = ___

5 – 2 = ___

7 – 3 = ___

5 – 3 = ___

2 – 1 = ___

6 – 2 = ___

32

1 Subtraktionsaufgaben im Bild finden, einkreisen und mit Zehnerfeld verbinden. Mit Plättchen nachlegen, einzeichnen, schreiben und rechnen. **2** Subtraktionsaufgaben der Punktedarstellung im Zehnerfeld entnehmen. Mit Plättchen nachlegen, schreiben und rechnen. **3** Subtraktionsaufgaben einzeichnen und die Lösungen eintragen.

→ Schülerbuch, Seite 52/53

Minusaufgaben üben

1 Rechne und kontrolliere. Eine Zahl bleibt jeweils übrig.

7 – 1 = _6_	5 – 2 = ___	10 – 2 = ___	8 – 2 = ___
8 – 4 = ___	4 – 1 = ___	8 – 6 = ___	4 – 4 = ___
4 – 0 = ___	9 – 2 = ___	7 – 2 = ___	10 – 1 = ___
9 – 8 = ___	3 – 3 = ___	8 – 3 = ___	9 – 3 = ___
6 – 0 = ___	8 – 1 = ___	2 – 0 = ___	8 – 8 = ___
1 1 4 4 6̶ 6	0 0 3 3 7̶ 7	2 2 5 5 8 8	0 0 6 6 9 9

2

8 – 7̶ = ___	5 – 2 = ___	1 – 1 = ___	7̶ – 6 = ___
1 – 0 = ___	7̶ – 7̶ = ___	5 – 4 = ___	5 – 5 = ___
7̶ – 3 = ___	6 – 2 = ___	2 – 2 = ___	9 – 7̶ = ___
7̶ – 0 = ___	0 – 0 = ___	5 – 0 = ___	6 – 6 = ___
9 – 5 = ___	4 – 1 = ___	6 – 5 = ___	5 – 3 = ___
1 1 4 4 7̶ 7̶	0 0 3 3 4 4	0 0 1 1 5 5	0 0 1 1 2 2

3 Male richtig aus.

6 – 3	7 – 2	3 – 1	9 – 4	3 – 0

8 – 5	6 – 4	10 – 7	8 – 6

 **2**  **3**  **5**  **6**

10 – 5

7 – 5

7 – 4	10 – 8	6 – 1	4 – 2	9 – 6	6 – 3

   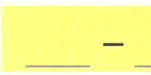

8 – 2

1, 2 Subtraktionsaufgaben lösen und selbstständig kontrollieren.   **3** Aufgabenkarten mit der jeweiligen Farbe der Lösung ausmalen. Passende Subtraktionsaufgaben für das Ergebnis 6 finden.

→ Schülerbuch, Seite 53

33
10

Aufgabenrollen

1

7 – 6 = ____
7 – 5 = ____
7 – 4 = ____
7 – 3 = ____
7 – 2 = ____
7 – 1 = ____

9 – 2 = ____
8 – 2 = ____
7 – 2 = ____
6 – 2 = ____
5 – 2 = ____
4 – 2 = ____

10 – 5 = ____
8 – 4 = ____
6 – 3 = ____
4 – 2 = ____
2 – 1 = ____
0 – 0 = ____

2

10 – 0 = ____
10 – 1 = ____
10 – 2 = ____
10 – 3 = ____
____ – ____ = ____
____ – ____ = ____
____ – ____ = ____

1 – 1 = ____
2 – 2 = ____
3 – 3 = ____
4 – 4 = ____
____ – ____ = ____
____ – ____ = ____
____ – ____ = ____

8 – 6 = ____
7 – 5 = ____
6 – 4 = ____
5 – 3 = ____
____ – ____ = ____
____ – ____ = ____
____ – ____ = ____

3

9 – 1 = ____
9 – 3 = ____
8 – 1 = ____
8 – 3 = ____
7 – ____ = ____
____ – ____ = ____
____ – ____ = ____
____ – ____ = ____

10 – 7 = ____
10 – 6 = ____
9 – 5 = ____
9 – 4 = ____
8 – ____ = ____
____ – ____ = ____
____ – ____ = ____

8 – 2 = ____
____ – ____ = ____
____ – ____ = ____
____ – ____ = ____
____ – ____ = ____
____ – ____ = ____
____ – ____ = ____

1 Aufgabenrollen ausrechnen.   2, 3 Aufgabenrollen ausrechnen. Dabei arithmetische Muster entdecken und fortführen.
Eine eigene Aufgabenrolle erfinden und rechnen.

→ Schülerbuch, Seite 54

Umkehraufgaben

1

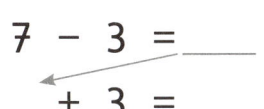

$7 - 3 =$ ___
___ $+ 3 =$ ___

$6 - 5 =$ ___
___ $+ 5 =$ ___

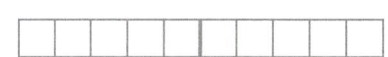

$7 - 7 =$ ___
___ $+$ ___ $=$ ___

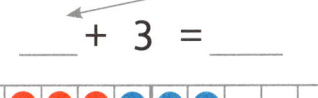

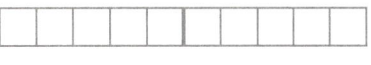

$5 + 2 =$ ___
___ $- 2 =$ ___

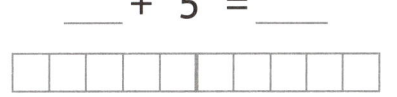

$1 + 7 =$ ___
___ $- 7 =$ ___

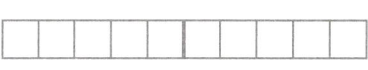

$0 + 10 =$ ___
___ $-$ ___ $=$ ___

2

$5 - 4 =$ ___
_____

$7 - 6 =$ ___
_____

$6 + 4 =$ ___
_____

$7 + 3 =$ ___
_____

$6 - 4 =$ ___
_____

$9 - 2 =$ ___
_____

$3 + 4 =$ ___
_____

$3 + 6 =$ ___
_____

$8 - 0 =$ ___
_____

$10 - 9 =$ ___
_____

$0 + 5 =$ ___
_____

$8 + 2 =$ ___
_____

3

$3 + 5 = 8$

$5 + 3 =$ ___

$8 - 2 =$ ___

$5 - 3 =$ ___

$2 + 3 =$ ___

$2 + 6 =$ ___

$8 - 5 =$ ___

$8 - 3 =$ ___

$5 - 2 =$ ___

$3 + 2 =$ ___

$8 - 6 =$ ___

$6 + 2 =$ ___

1 Aufgabe und Umkehraufgabe legen, zeichnen und lösen. **2** Zur Aufgabe die Umkehraufgabe notieren und lösen.
3 Die Aufgaben lösen und mit ihrer Umkehraufgabe verbinden.

35

→ Schülerbuch, Seite 55

Zahlenmauern

○ 1

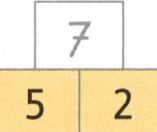 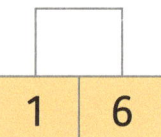 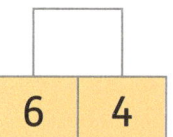 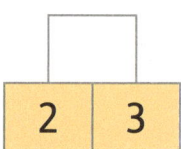 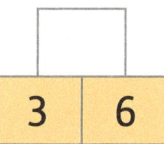

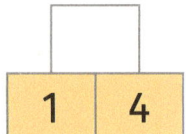 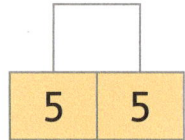 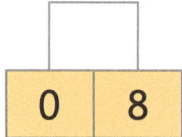 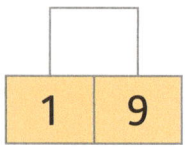 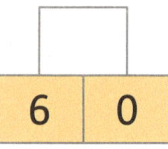

○ 2

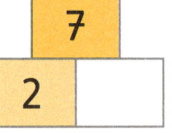   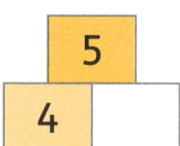 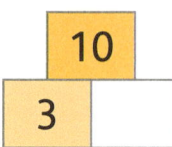

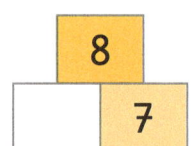

○ 3 Rechne und setze fort.

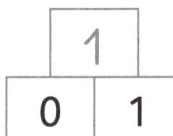 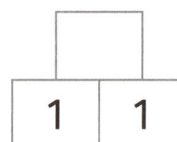 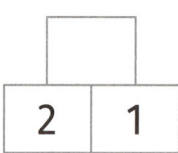 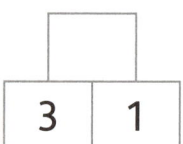 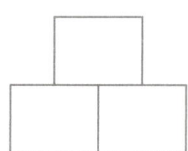

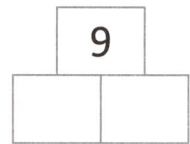 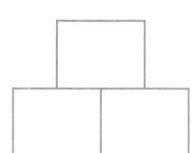

◐ 4 Finde verschiedene Mauern.

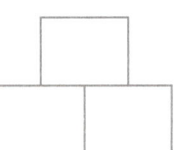 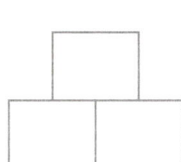 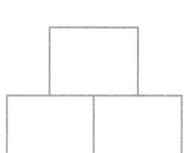 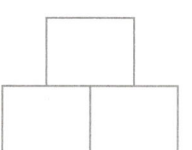 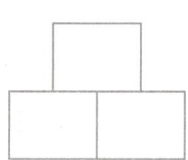

36

1–3 Fehlende Zahlen auf den Steinen der Zahlenmauern eintragen.   3 Muster erkennen und fortsetzen.
4 Aus den gegebenen Steinen Zahlenmauern bauen und die Zahlen eintragen.

→ Schülerbuch, Seite 56

Minusaufgaben üben

○ 1 Rechne und kontrolliere. Eine Zahl bleibt jeweils übrig.

8 − _1_ = 7	9 − ___ = 1	___ − 1 = 8	___ − 5 = 2
1 − ___ = 0	7 − ___ = 7	___ − 4 = 4	___ − 9 = 0
7 − ___ = 3	6 − ___ = 2	___ − 2 = 4	___ − 3 = 7
7 − ___ = 0	0 − ___ = 0	___ − 0 = 6	___ − 5 = 2
9 − ___ = 5	8 − ___ = 0	___ − 2 = 6	___ − 2 = 7

⚷ 1 ~~1~~ 4 4 7 7 | 0 0 4 4 8 8 | 6 6 8 8 9 9 | 7 7 9 9 10 10

● 2

6 − 2 − 2 = ___	9 − 1 − 1 = ___	10 − 3 − ___ = 3
9 − 1 − 2 = ___	6 − 3 − 2 = ___	10 − 2 − ___ = 2
7 − 0 − 3 = ___	8 − 0 − 1 = ___	10 − 2 − ___ = 7
8 − 3 − 1 = ___	9 − 2 − 3 = ___	10 − 4 − ___ = 5
9 − 5 − 2 = ___	5 − 3 − 1 = ___	10 − 6 − ___ = 0

⚷ 2 2 4 4 6 6 | 1 1 4 4 7 7 | 1 1 4 4 6 6

● 3

1, 2 Subtraktionsaufgaben lösen und selbstständig kontrollieren. 3 Aufgaben ausrechnen und Felder mit der jeweiligen Farbe der Lösung ausmalen.

37

→ Schülerbuch, Seite 57

Wiederholung

○ **1** Rechne auch die Tauschaufgabe.

$1 + 4 =$ ___ $4 + 2 =$ ___ $5 + 3 =$ ___ $1 + 3 =$ ___

$4 +$ ___ $=$ ___   ___ $+$ ___ $=$ ___   ___ $+$ ___ $=$ ___   ___ $+$ ___ $=$ ___

$5 + 4 =$ ___ $4 + 0 =$ ___ $6 + 2 =$ ___ $6 + 4 =$ ___

___ $+$ ___ $=$ ___   ___ $+$ ___ $=$ ___   ___ $+$ ___ $=$ ___   ___ $+$ ___ $=$ ___

○ **2** Kontrolliere mit der Umkehraufgabe.

$4 - 3 = 1$ $7 - 2 =$ ___ $8 - 8 =$ ___ $8 - 3 =$ ___

$1 + 3 =$ ___   ___ $+$ ___ $=$ ___   ___ $+$ ___ $=$ ___   ___ $+$ ___ $=$ ___

$6 + 3 =$ ___ $2 + 7 =$ ___ $3 + 4 =$ ___ $5 + 5 =$ ___

___ $- 3 =$ ___   ___ $-$ ___ $=$ ___   ___ $-$ ___ $=$ ___   ___ $-$ ___ $=$ ___

○ **3**

● **4**

$2 + 0 =$ ___	$10 - 7 =$ ___	$5 +$ ___ $= 6$
$5 + 1 =$ ___	$10 - 6 =$ ___	$5 -$ ___ $= 4$
$2 + 2 =$ ___	$9 - 5 =$ ___	$5 +$ ___ $= 7$
$5 + 3 =$ ___	$9 - 4 =$ ___	$5 -$ ___ $= 3$
$2 + 4 =$ ___	$8 -$ ___ $=$ ___	$5 +$ ___ $= 8$
$5 +$ ___ $=$ ___	___ $-$ ___ $=$ ___	$5 -$ ___ $=$ ___
___ $+$ ___ $=$ ___	___ $-$ ___ $=$ ___	___

1 Aufgabe und Tauschaufgabe ausrechnen.   **2** Aufgabe und Umkehraufgabe ausrechnen.   **3** Muster aus geometrischen Formen farbig nachspuren.   **4** Aufgabenrollen bearbeiten. Muster entdecken und fortführen.
Selbst einschätzen, wie erfolgreich die Seite bearbeitet wurde, und entsprechenden Raben ankreuzen.

→ Schülerbuch, Seiten 58/59

Knobeln mit Formen

1 Finde jeweils das ⬜. Immer 2 Teile gehören zusammen.

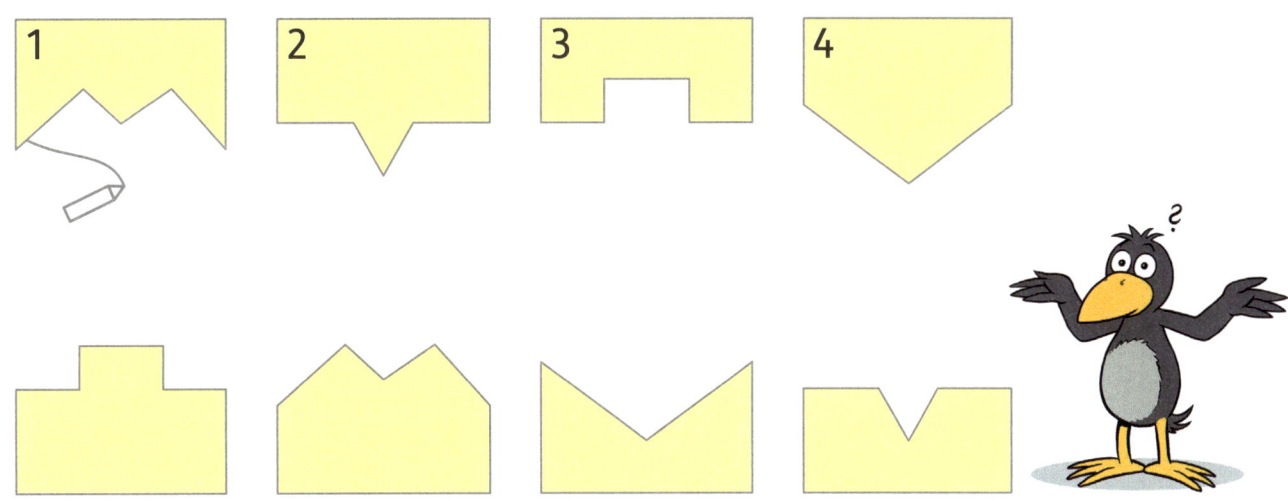

2 Finde jeweils das ▭. Immer 2 Teile gehören zusammen.

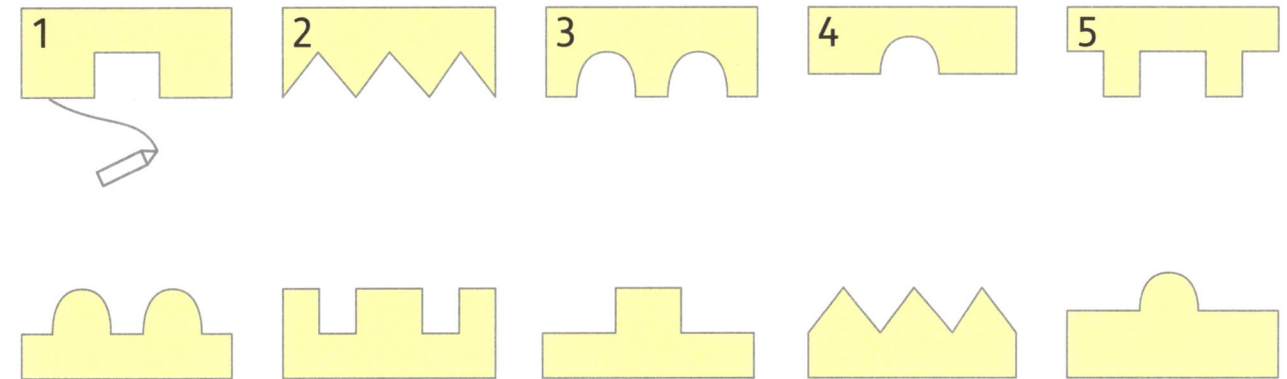

3 Finde jeweils den ⬤. Immer 2 Teile gehören zusammen.

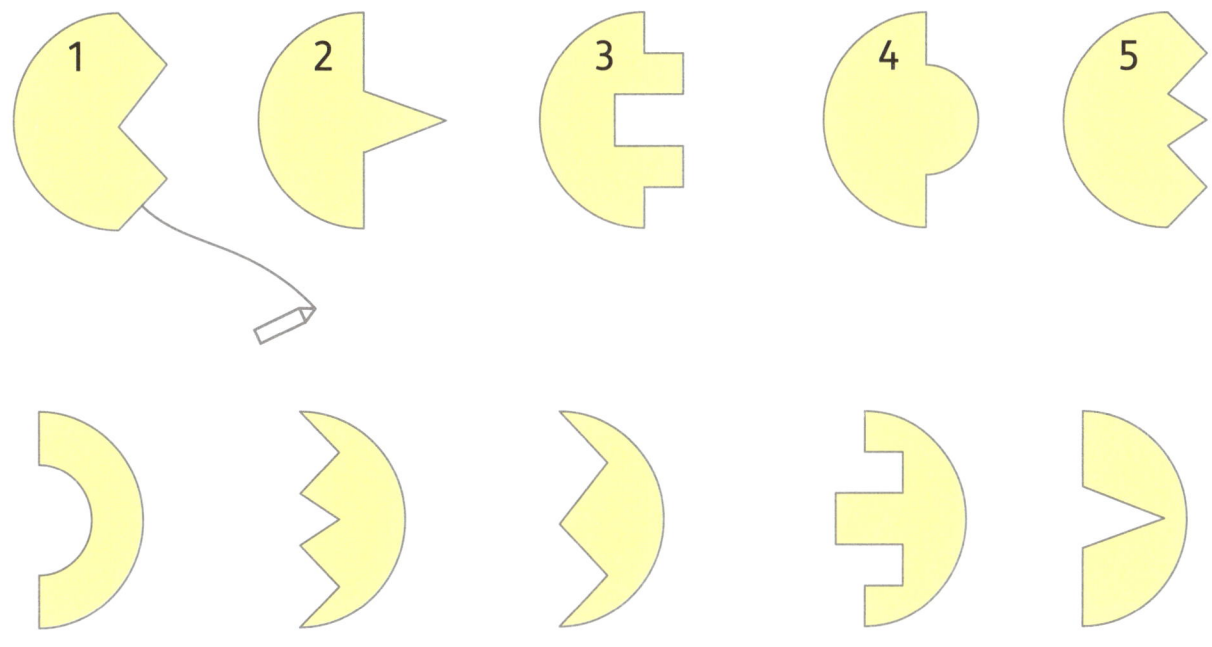

1–3 Die Formen (Quadrat, Rechteck, Kreis) wurden in jeweils zwei Teile zerschnitten. Die Figuren in der Vorstellung zur Ausgangsform zusammensetzen und entsprechende Verbindungslinien ziehen.

39

→ Schülerbuch, Seite 61

Die Zahlen bis 20

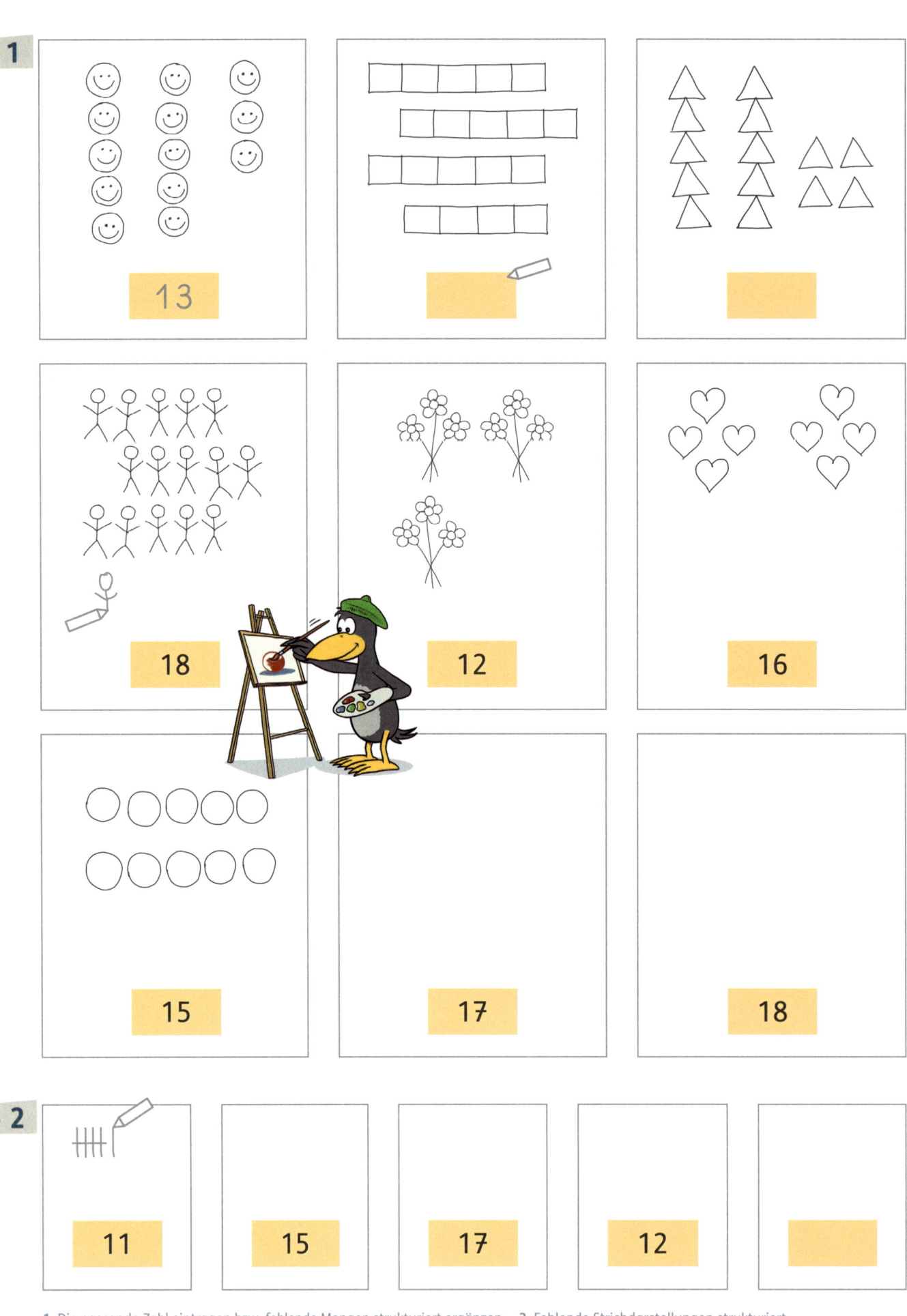

1 Die passende Zahl eintragen bzw. fehlende Mengen strukturiert ergänzen. **2** Fehlende Strichdarstellungen strukturiert ergänzen. (Fünferbündelung beachten.)

→ Schülerbuch, Seiten 62/63

Nachbarzahlen bis 20

○ **1**

○ **2**

○ **3**

V	Z	N
13	14	15
	17	
	16	

V	Z	N
	11	
	13	
	19	

V	Z	N
	9	
		13
	15	

V	Z	N
	18	
	12	
		15

1 Die Zahlenreihe von 1 bis 20 und Ausschnitte aus der Zahlenreihe vervollständigen. **2** Zahlen jeweils der Reihe nach verbinden. **3** Die fehlenden Zahlen in die Tabelle eintragen.

→ Schülerbuch, Seite 64

Zahlen bis 20 bündeln

○ **1** Wie viele sind es?

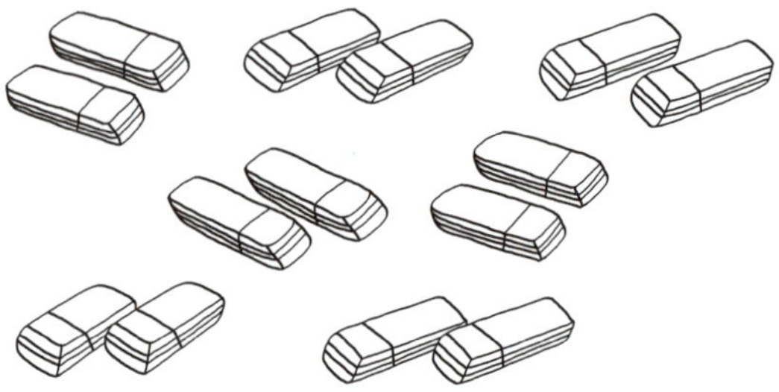

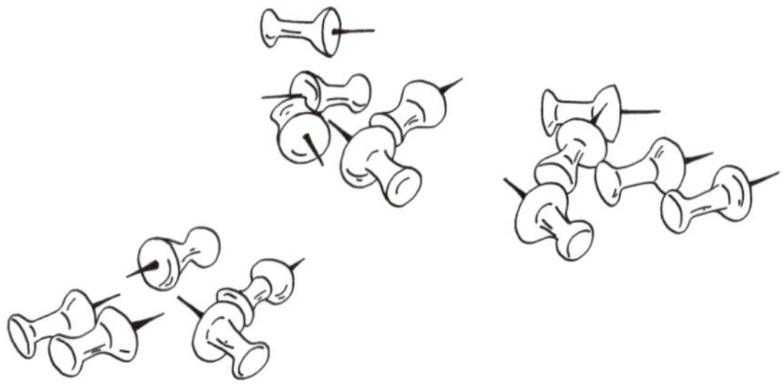

○ **2**

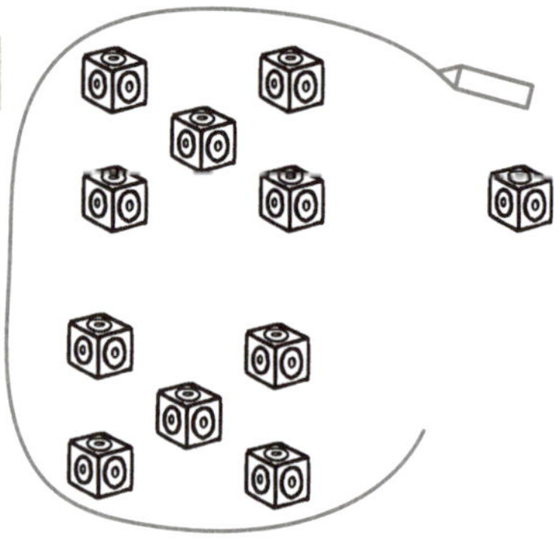

Z | E

Z | E

○ **3**

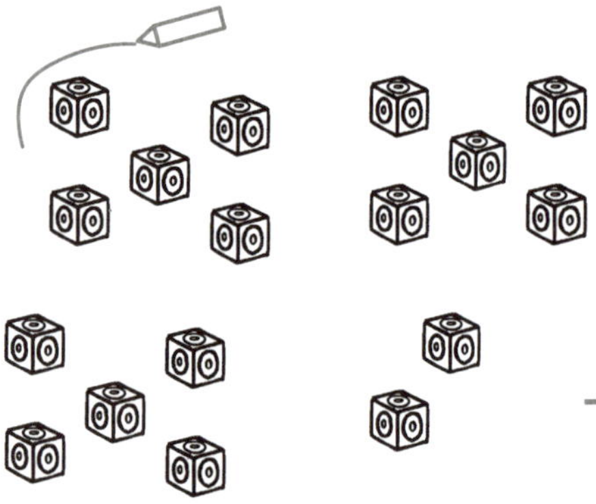

Z | E

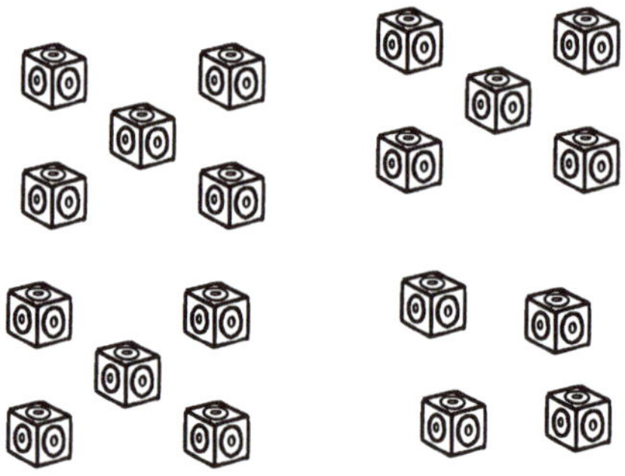

Z | E

○ **4**

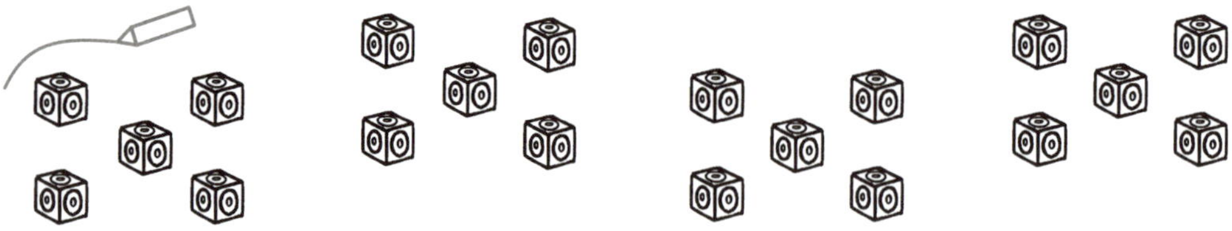

Z | E

○ **5**

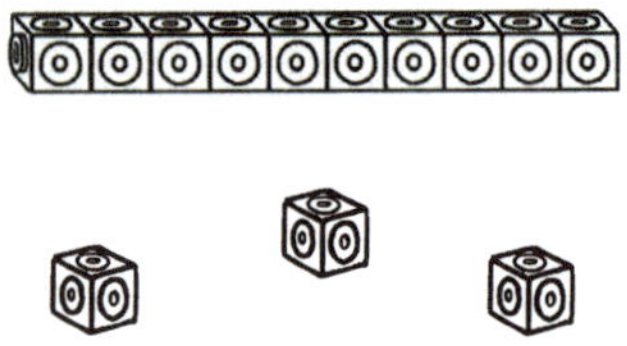

Z | E

Z | E

42

1 Anzahl der Gegenstände bestimmen und notieren.   **2–5** Immer zehn Steckwürfel einkreisen, restliche Steckwürfel möglichst geschickt erfassen.

→ Schülerbuch, Seite 65

Das Zwanzigerfeld

1 Verbinde.

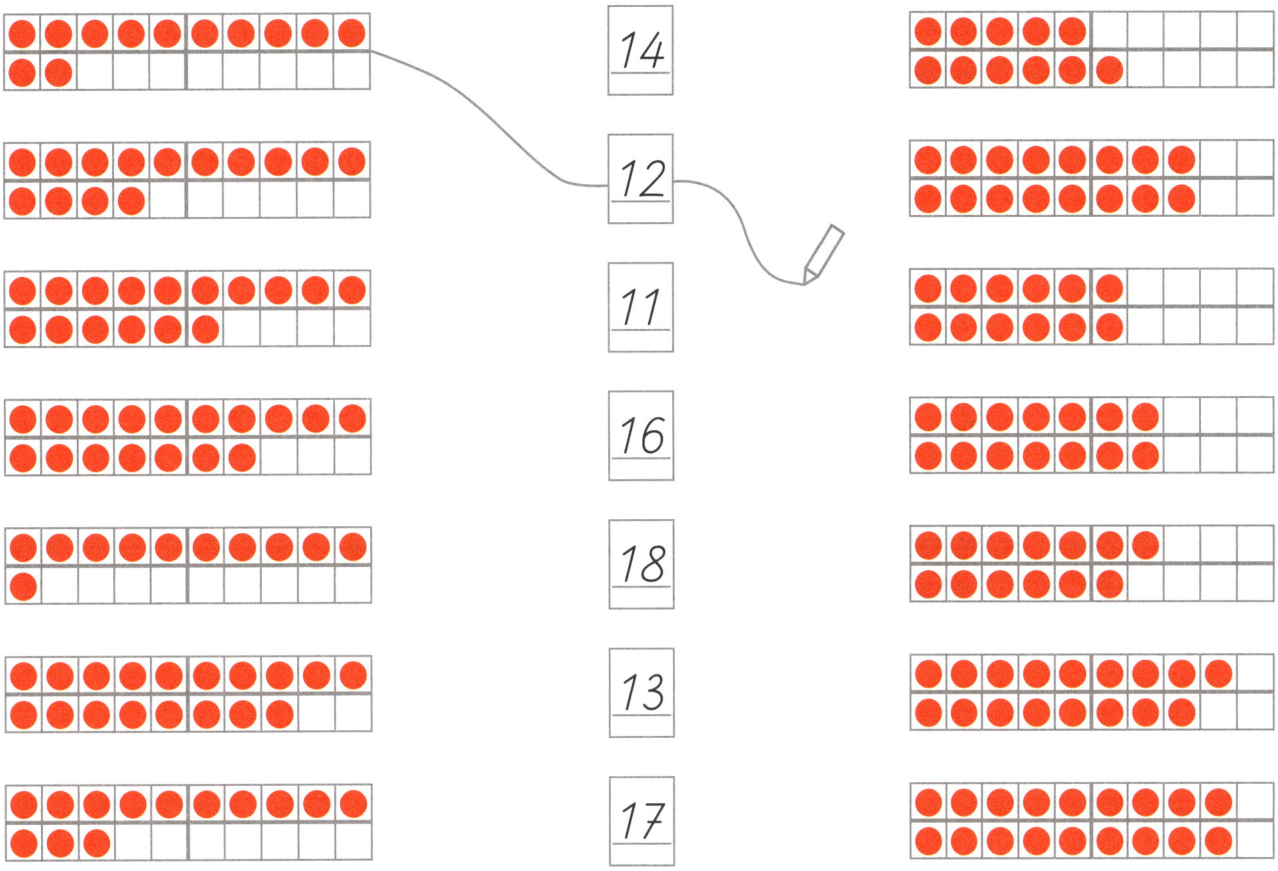

14

12

11

16

18

13

17

2 Kreise jeweils den Zehner ein.

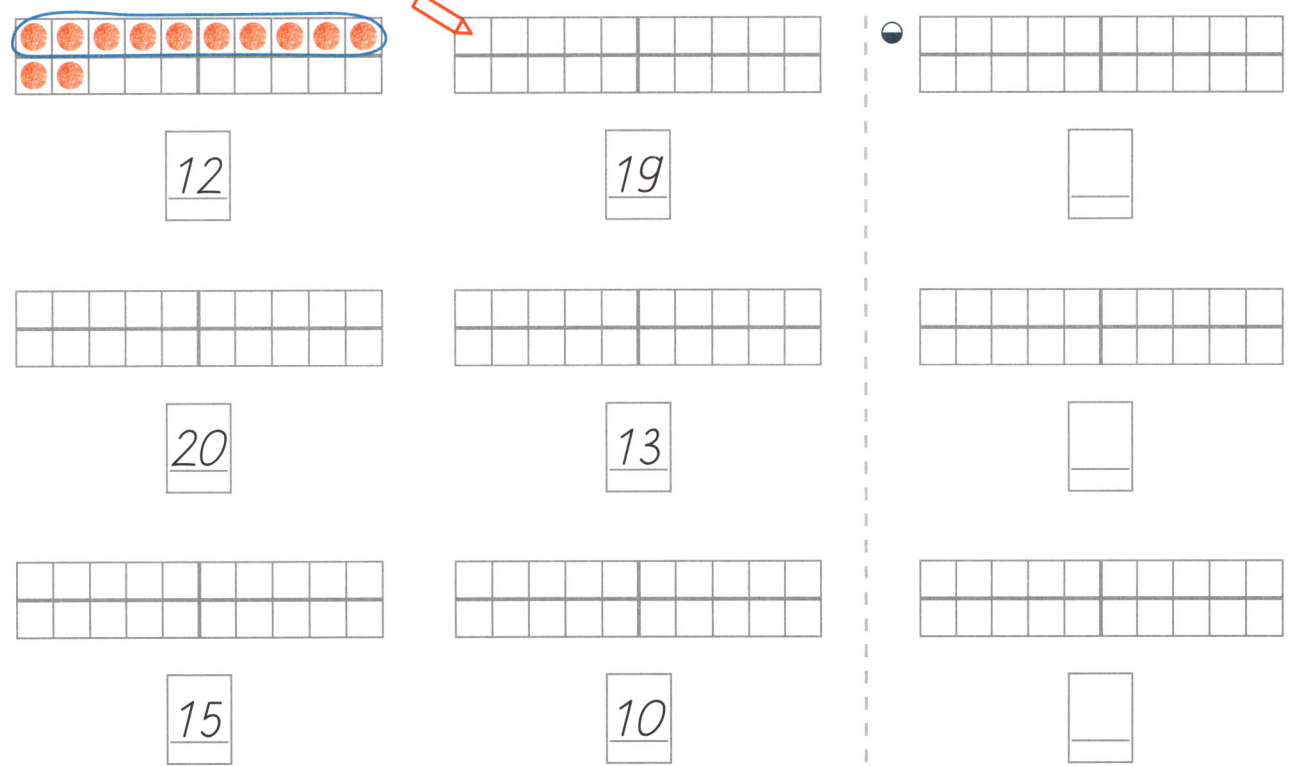

12

19

20

13

15

10

1 Verschiedene Darstellungen im Zwanzigerfeld den Zahlen auf den Zahlenkarten zuordnen. 2 Vorgegebene Anzahlen geschickt in das Zwanzigerfeld eintragen. Zehner markieren. Eigene Aufgaben finden.

43

→ Schülerbuch, Seite 66

Zuerst 10

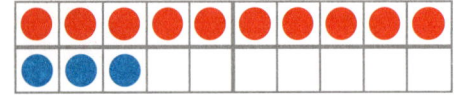

○ 1 Zerlege die Zahlen in Zehner und Einer.

			Z	E
13		$13 = 10 + 3$	**1**	**3**
15		___ = ___ + ___	Z	E
11		___ = ___ + ___	Z	E
19		___ = ___ + ___	Z	E
16		___ = ___ + ___	Z	E

○ 2

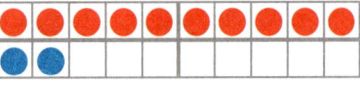

$12 = 10 + 2$

$15 = + $

___ = ___ + ___

$14 = + $

___ = ___ + ___

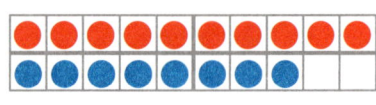

___ = ___ + ___

$19 = + $

$17 = + $

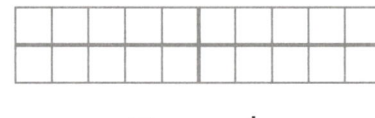

___ = ___ + ___

○ 3

$17 = 10 + 7$ $15 = 10 + \underline{}$ $\underline{} = 10 + 1$ $\underline{} = 10 + 6$

$19 = \underline{} + 9$ $18 = \underline{} + 8$ $\underline{} = 10 + 5$ $\underline{} = 10 + 3$

$14 = 10 + \underline{}$ $10 = 10 + \underline{}$ $\underline{} = 10 + 2$ $\underline{} = 10 + 10$

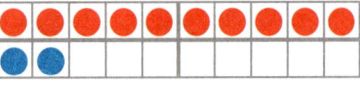

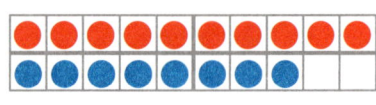

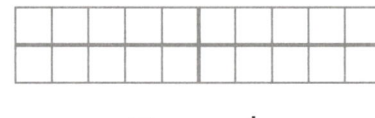

44

1 Zahlzerlegung vervollständigen und die Zahlen in Zehner und Einer zerlegen.   **2** Zahlzerlegung vervollständigen.
Dabei den Fokus auf „zuerst 10" legen (z.B. 14 = 10 + 4 statt 14 = 7 + 7, obwohl die Verdopplung ebenfalls korrekt wäre).
3 Zahlzerlegung vervollständigen.

→ Schülerbuch, Seite 67

Zahlen vergleichen

1

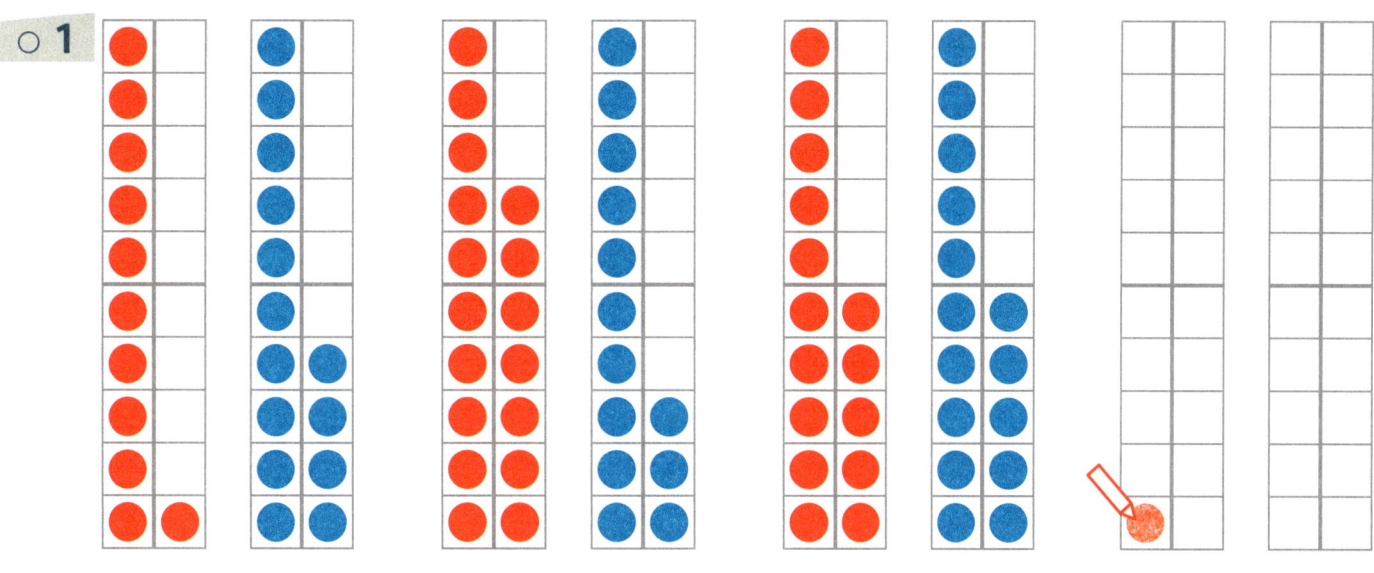

11 ⬸ < ____   ____ ◯ ____   ____ ◯ ____   16 ◯ 12

2
4 ⬸ > 1   5 ◯ 8   7 ◯ 7   9 ◯ 3   0 ◯ 10
14 ◯ 11   15 ◯ 18   17 ◯ 17   19 ◯ 13   10 ◯ 20

6 ◯ 9   2 ◯ 5   3 ◯ 10   7 ◯ 0   8 ◯ 4
16 ◯ 19   12 ◯ 15   13 ◯ 20   17 ◯ 10   18 ◯ 14

3
16 ⬸ < 18   12 ◯ 14   15 ◯ 11   17 = ____   18 = ____
16 ◯ 17   13 ◯ 14   19 ◯ 20   17 < ____   18 > ____
16 ◯ 16   14 ◯ 14   8 ◯ 12   17 < ____   18 > ____
16 ◯ 15   15 ◯ 14   13 ◯ 7   17 > ____   18 < ____

4 Ordne der Größe nach. Beginne mit der kleinsten Zahl.

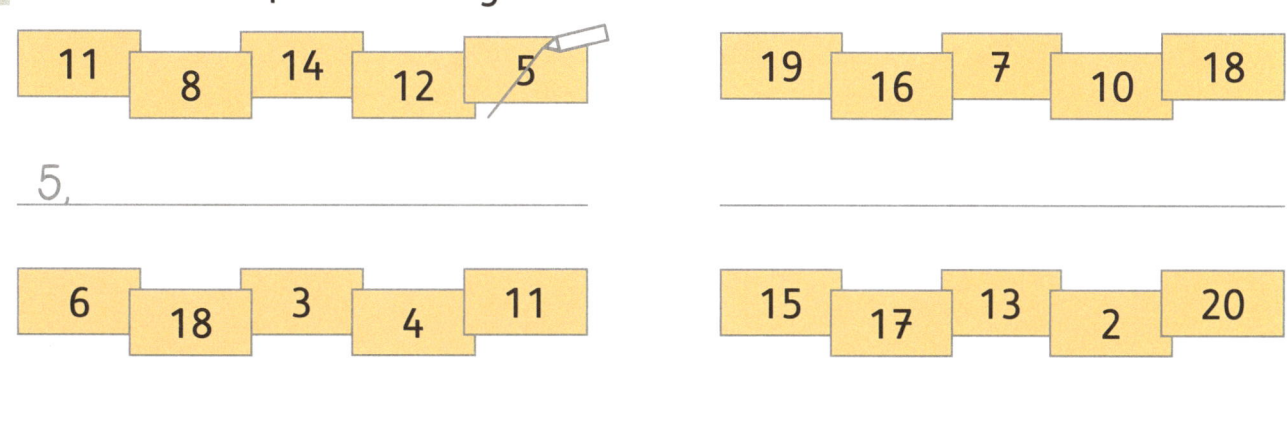

5, _____   _____

_____   _____

1 Anzahl der Plättchen im Zwanzigerfeld erfassen bzw. einzeichnen. Zahlen notieren und Relationszeichen eintragen.
2 Zahlen aus dem ersten und zweiten Zehner paarweise vergleichen. 3 Zahlen vergleichen (teilw. mehrere Möglichkeiten).
4 Zahlen der Größe nach ordnen.

13   **45**

→ Schülerbuch, Seite 68

Zahlen bis 20 zerlegen

○ **1** Immer 15.

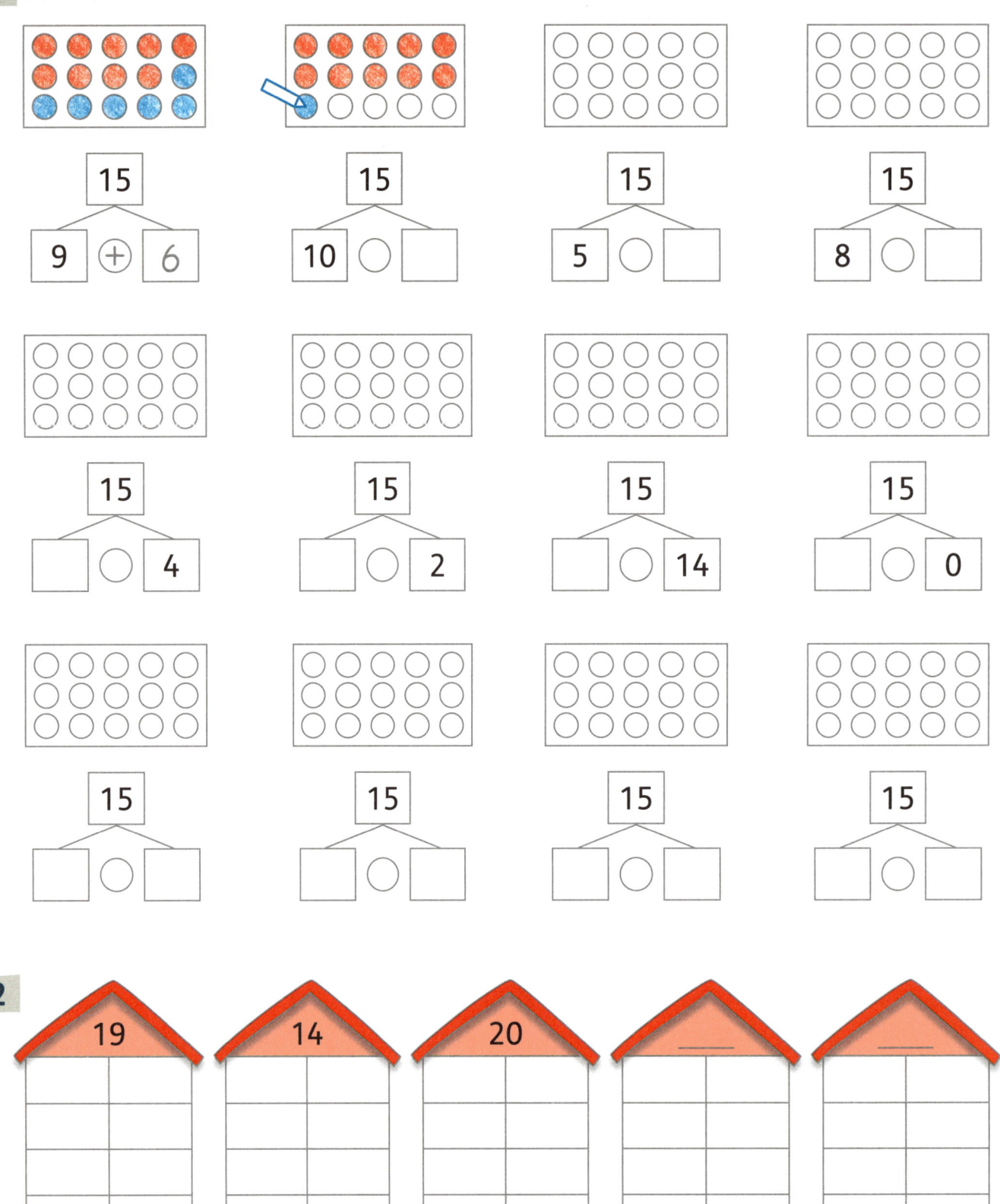

15
9 ⊕ 6

15
10 ○ ☐

15
5 ○ ☐

15
8 ○ ☐

15
☐ ○ 4

15
☐ ○ 2

15
☐ ○ 14

15
☐ ○ 0

15
☐ ○ ☐

15
☐ ○ ☐

15
☐ ○ ☐

15
☐ ○ ☐

○ **2**

19

14

20

____

____

1 Kreise passend zur vorgegebenen Zerlegung der Zahl 15 färben und Zerlegung vervollständigen. **2** Zerlegungen in Zerlegungshäusern finden, ggf. mit Plättchen im Zwanzigerfeld legen. Eigene Dachzahlen wählen und Zerlegungen notieren.

→ Schülerbuch, Seite 69

Große und kleine Plusaufgaben

○ 1

13 + 4 = ___

3 + 4 = 7

_____ + _____ = _____

_____ + _____ = _____

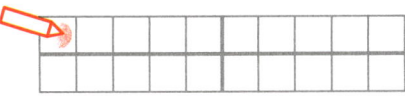

11 + 4 = ___

_____ + _____ = _____

15 + 3 = ___

_____ + _____ = _____

18 + 2 = ___

_____ + _____ = _____

○ 2

16 + 3 = ___

6 + 3 = 9

14 + 1 = ___

_____ + _____ = _____

11 + 6 = ___

_____ + _____ = _____

15 + 2 = ___

_____ + _____ = _____

12 + 0 = ___

_____ + _____ = _____

10 + 8 = ___

_____ + _____ = _____

17 + 3 = ___

_____ + _____ = _____

16 + 4 = ___

_____ + _____ = _____

◐ 3

10 + 2 = ___	12 + 5 = ___	14 + ___ = 15	___ + 9 = 20
11 + 3 = ___	16 + 2 = ___	12 + ___ = 16	___ + 2 = 15
13 + 0 = ___	14 + 3 = ___	10 + ___ = 17	___ + 5 = 20
17 + 2 = ___	11 + 1 = ___	17 + ___ = 17	___ + 1 = 17
15 + 4 = ___	18 + 0 = ___	13 + ___ = 19	___ + 6 = 20

🔑 12 13 14
15 19 19

12 16 17
17 18 18

0 1 4
6 7 8

11 12 13
14 15 16

◐ 4

13 + 3   17 + 1   12 + 2   11 + 5   10 + 4   13 + 1   11 + 7

13 + 5

14 + 4

 14

 16

 18

 19

10 + 6

15 + 1

___ + ___   ___ + ___   ___ + ___   ___ + ___

12 + 0 + 2   11 + 3 + 5   10 + 1 + 7   11 + 2 + 3

1 Die große und kleine Additionsaufgabe (Analogieaufgabe) mithilfe des Zwanzigerfeldes lösen. **2** Zur großen Additionsaufgabe die Analogieaufgabe finden und lösen, ggf. mit Plättchen legen. **3** Additionsaufgaben lösen und selbstständig
kontrollieren. **4** Aufgabenkarten mit der Farbe der Lösung ausmalen. Passende Aufgaben für das Ergebnis 19 finden.

47

→ Schülerbuch, Seite 70

Tauschaufgaben

1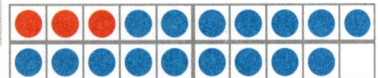

$3 + 16 = \underline{\hspace{1cm}}$

$16 + 3 = \underline{\hspace{1cm}}$

$5 + 13 = \underline{\hspace{1cm}}$

$13 + \underline{\hspace{1cm}} = \underline{\hspace{1cm}}$

$4 + 15 = \underline{\hspace{1cm}}$

$15 + \underline{\hspace{1cm}} = \underline{\hspace{1cm}}$

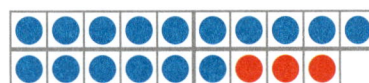

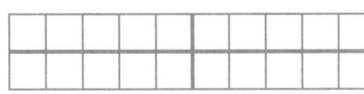

$1 + 12 = \underline{\hspace{1cm}}$

$\underline{\hspace{1cm}} + \underline{\hspace{1cm}} = \underline{\hspace{1cm}}$

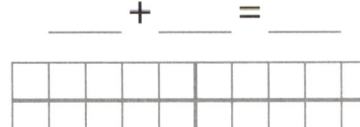

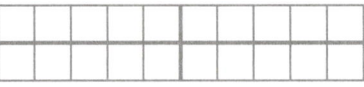

$8 + 12 = \underline{\hspace{1cm}}$

$\underline{\hspace{1cm}} + \underline{\hspace{1cm}} = \underline{\hspace{1cm}}$

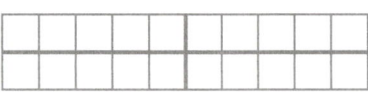

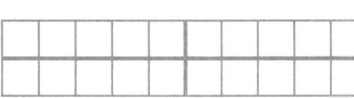

$6 + 11 = \underline{\hspace{1cm}}$

$\underline{\hspace{1cm}} + \underline{\hspace{1cm}} = \underline{\hspace{1cm}}$

2

$11 + 4 = \underline{\hspace{1cm}}$

$\underline{\hspace{1cm}} + \underline{\hspace{1cm}} = \underline{\hspace{1cm}}$

$2 + 18 = \underline{\hspace{1cm}}$

$\underline{\hspace{1cm}} + \underline{\hspace{1cm}} = \underline{\hspace{1cm}}$

$6 + 14 = \underline{\hspace{1cm}}$

$\underline{\hspace{1cm}} + \underline{\hspace{1cm}} = \underline{\hspace{1cm}}$

$3 + 17 = \underline{\hspace{1cm}}$

$\underline{\hspace{1cm}} + \underline{\hspace{1cm}} = \underline{\hspace{1cm}}$

$2 + 13 = \underline{\hspace{1cm}}$

$\underline{\hspace{1cm}} + \underline{\hspace{1cm}} = \underline{\hspace{1cm}}$

$10 + 3 = \underline{\hspace{1cm}}$

$\underline{\hspace{1cm}} + \underline{\hspace{1cm}} = \underline{\hspace{1cm}}$

$1 + 18 = \underline{\hspace{1cm}}$

$\underline{\hspace{1cm}} + \underline{\hspace{1cm}} = \underline{\hspace{1cm}}$

$0 + 15 = \underline{\hspace{1cm}}$

$\underline{\hspace{1cm}} + \underline{\hspace{1cm}} = \underline{\hspace{1cm}}$

3 Zu jeder Aufgabe passt eine Tauschaufgabe.

Ergänze, verbinde und rechne.

$9 + 11 = \underline{\hspace{1cm}}$

$3 + 16 = \underline{\hspace{1cm}}$

$10 + 5 = \underline{\hspace{1cm}}$

$18 + 1 = \underline{\hspace{1cm}}$

$3 + 14 = \underline{\hspace{1cm}}$

$11 + 9 = \underline{\hspace{1cm}}$

$14 + \underline{\hspace{1cm}} = \underline{\hspace{1cm}}$

$\underline{\hspace{1cm}} + 3 = \underline{\hspace{1cm}}$

$1 + \underline{\hspace{1cm}} = \underline{\hspace{1cm}}$

$\underline{\hspace{1cm}} + 10 = \underline{\hspace{1cm}}$

1 Aufgabe und Tauschaufgabe zeichnen und rechnen. Gegebenenfalls mit Plättchen legen. 2 Zu jeder Aufgabe die Tauschaufgabe bilden und lösen. 3 Zu jeder Aufgabe die passende Tauschaufgabe finden. Diese ergänzen. Beide Aufgaben ausrechnen.

→ Schülerbuch, Seite 71

Große und kleine Minusaufgaben

○ 1

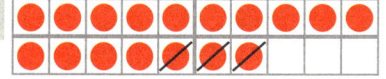 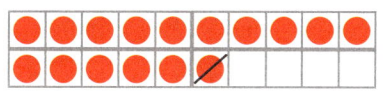 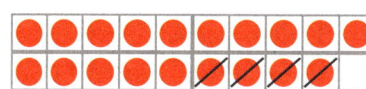

17 − 3 = _____   ____ − ____ =   ____ − ____ =

7 − 3 = 4   ____ − ____ =   ____ − ____ =

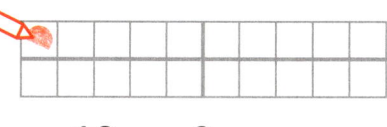

18 − 2 = _____   15 − 5 = _____   20 − 3 = _____

____ − ____ =   ____ − ____ =   ____ − ____ =

○ 2

18 − 3 =____   16 − 6 =____   12 − 2 =____   19 − 7 =____

8 − 3 = 5   ____ − ____ =   ____ − ____ =   ____ − ____ =

15 − 1 =____   17 − 5 =____   14 − 0 =____   20 − 9 =____

____ − ____ =   ____ − ____ =   ____ − ____ =   ____ − ____ =

○ 3

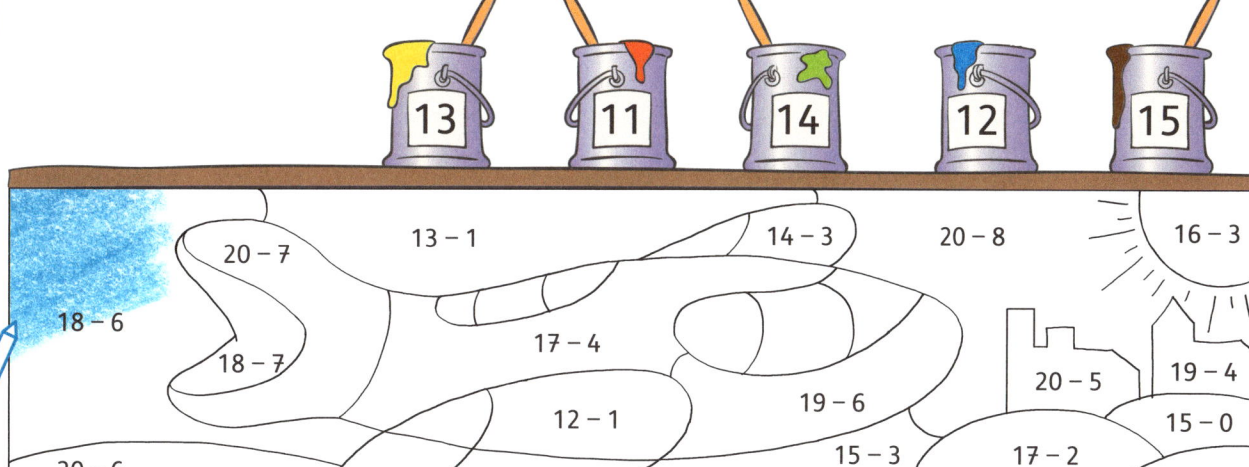

○ 4

15 − 2 = ____   18 − 5 = ____ | ◐ 19 − ____ = 10   ____ − 7 = 11

17 − 6 = ____   13 − 3 = ____ | 15 − ____ = 11   ____ − 2 = 18

12 − 0 = ____   20 − 4 = ____ | 18 − ____ = 17   ____ − 1 = 16

19 − 3 = ____   14 − 2 = ____ | 16 − ____ = 11   ____ − 0 = 13

🔑 **11 12 13 15 16   10 12 13 14 16 | 1 4 5 7 9   13 16 17 18 20**

1 Die große und kleine Subtraktionsaufgabe (Analogieaufgabe) mithilfe des Zwanzigerfeldes lösen. 2 Zur großen Subtraktionsaufgabe die Analogieaufgabe finden und lösen, ggf. mit Plättchen legen. 3 Aufgabenfelder in den Farben der Ergebnisse ausmalen. 4 Subtraktionsaufgaben lösen und selbstständig kontrollieren.

→ Schülerbuch, Seite 72

Umkehraufgaben

1

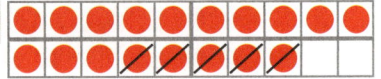  

$$18 - 5 = \underline{13} \qquad 16 - 2 = \underline{\quad} \qquad 19 - 5 = \underline{\quad}$$
$$\underline{13} + 5 = \underline{\quad} \qquad \underline{\quad} + 2 = \underline{\quad} \qquad \underline{\quad} + 5 = \underline{\quad}$$

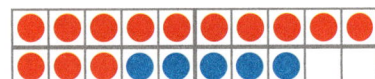  

 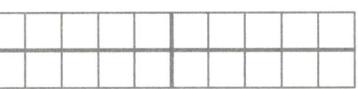 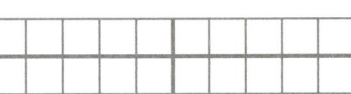

$$13 + 4 = \underline{\quad} \qquad 11 + 9 = \underline{\quad} \qquad 15 + 0 = \underline{\quad}$$
$$\underline{\quad} - 4 = \underline{\quad} \qquad \underline{\quad} - 9 = \underline{\quad} \qquad \underline{\quad} - 0 = \underline{\quad}$$

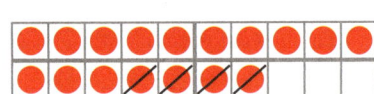 

2

$$15 - 2 = \underline{13} \qquad 20 - 5 = \underline{\quad} \qquad 17 - 6 = \underline{\quad} \qquad 14 - 4 = \underline{\quad}$$
$$\underline{13 +} \qquad\qquad \underline{\qquad} \qquad \underline{\qquad} \qquad \underline{\qquad}$$

$$14 + 3 = \underline{17} \qquad 15 + 4 = \underline{\quad} \qquad 12 + 8 = \underline{\quad} \qquad 10 + 6 = \underline{\quad}$$
$$\underline{17 -} \qquad\qquad \underline{\qquad} \qquad \underline{\qquad} \qquad \underline{\qquad}$$

3 Verbinde jede Aufgabe mit ihrer Umkehraufgabe.

$$15 + 3 = \underline{18}$$

$$19 - 2 = \underline{\quad}$$

$$12 + 7 = \underline{\quad}$$

$$14 + 6 = \underline{\quad}$$

$$13 + 5 = \underline{\quad}$$

$$18 - 5 = \underline{\quad}$$

$$18 - 3 = \underline{\quad}$$

$$20 - 6 = \underline{\quad}$$

$$19 - 7 = \underline{\quad}$$

$$17 + 2 = \underline{\quad}$$

$$16 + 4 = \underline{\quad}$$

$$20 - 4 = \underline{\quad}$$

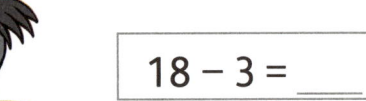

1 Plättchen legen und zeichnen. Umkehraufgaben notieren und lösen. 2 Zu den Aufgaben die Umkehraufgaben notieren und ausrechnen. 3 Die Aufgaben ausrechnen und mit ihrer Umkehraufgabe verbinden.

15

→ Schülerbuch, Seite 73

Aufgabenfamilien

○ 1

7
4　3

○○○○●●● □□□

4 + 3 = ___
3 + 4 = ___
7 − 3 = ___
7 − 4 = ___

9
8　1

○○○○○○○○●

8 + 1 = ___
1 + ___ = ___
9 − 1 = ___
9 − ___ = ___

10
3　7

○○○●●●●●●●

3 + 7 = ___
___ + ___ = ___
10 − 7 = ___
___ − ___ = ___

○ 2

20
11　9

11 + 9 = ___
9 + 11 = ___
20 − 9 = ___
20 − 11 = ___

16
12　4

12 + 4 = ___
4 + ___ = ___
16 − 4 = ___
16 − ___ = ___

15
10　5

10 + 5 = ___
___ + ___ = ___
15 − 5 = ___
15 − ___ = ___

◑ 3

___
12　2

12 + 2 = ___
2 + 12 = ___
14 − 2 = ___
14 − 12 = ___

___
15　3

15 + 3 = ___
3 + ___ = ___
18 − 3 = ___
18 − ___ = ___

___
13　4

13 + 4 = ___
___ + ___ = ___
17 − 4 = ___
17 − ___ = ___

1 Die Aufgabenfamilien im Zahlenraum bis 10 vervollständigen.　2, 3 Die Aufgabenfamilien im Zahlenraum bis 20 vervollständigen.

51

→ Schülerbuch, Seite 74

Tabellen

○ 1

	▲	⬡	🏠	◤
🏠	🏠			
🏠	🏠			

○ 2

−	5	7	3
7	2		
9			

−	8	9	5
20			
19			

−	8	9	5
20			
19			

+	3	2	5
5	8		
1			

+	4	1	7
11			
13			

Ich rechne 9 − 5.

◑ 3

+	4	7	
10			
12		17	

+	6	3	
4			8
2			

●

+			
10	15	13	17
12			

−	2	0	
5			
7		4	

−	4	5	
15			
17		14	

−	4	2	5
	12		
		17	

1 Nach Vorgabe die Häuser in die Tabelle malen.   **2, 3** Tabellen ausfüllen.

→ Schülerbuch, Seite 75

Verdoppeln

1 Verdopple.

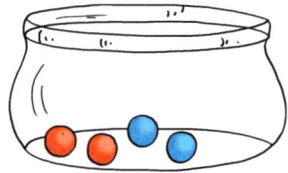

2 + 2 = _4_

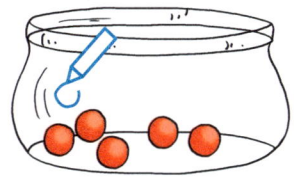

5 + 5 = ___

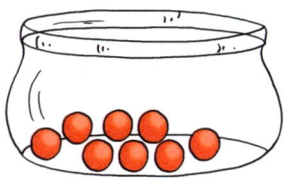

8 + ___ = ___

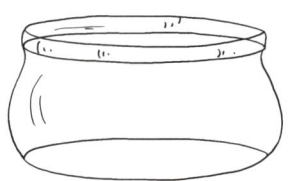

3 + ___ = ___

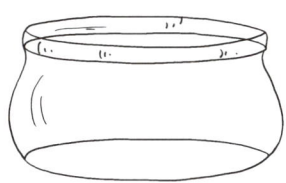

4 + ___ = ___

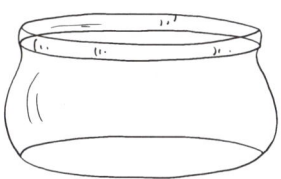

7 + ___ = ___

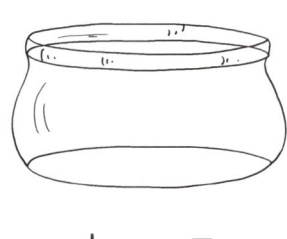

___ + ___ = ___

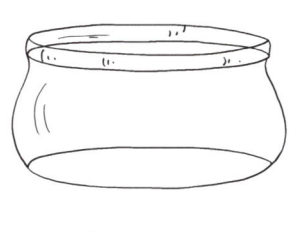

___ + ___ = ___

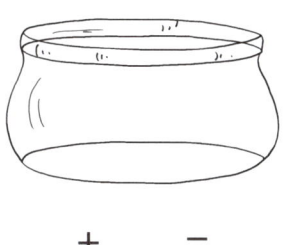

___ + ___ = ___

2 Verdopple.

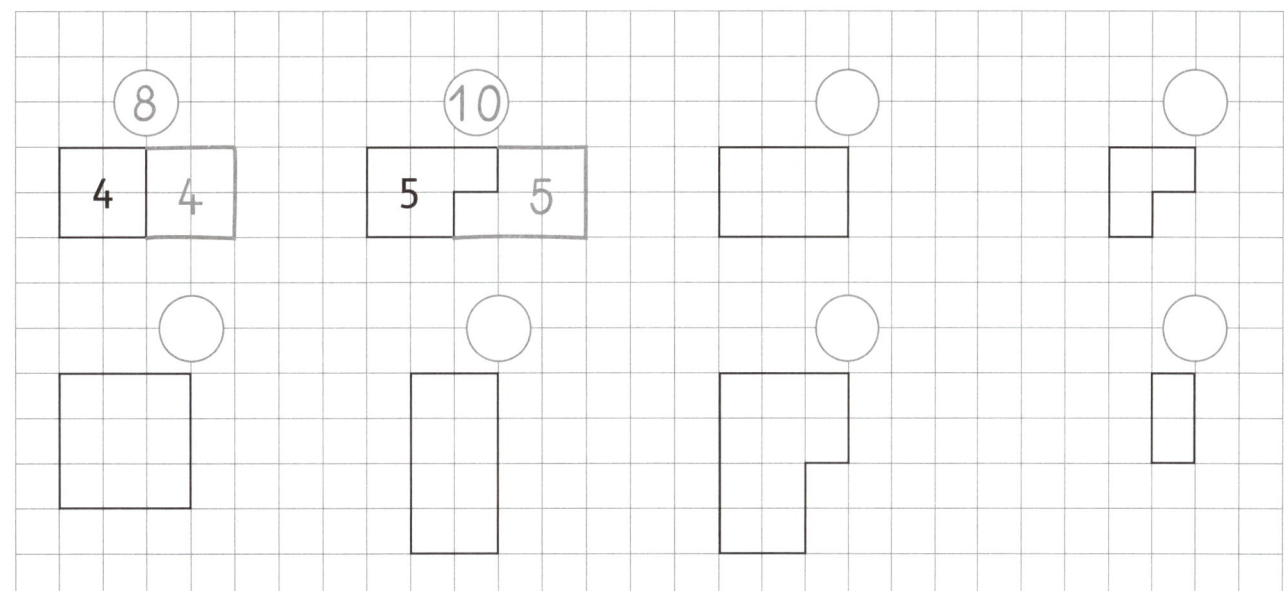

3

die Zahl	2	5	8				
das Doppelte	4						

1 Anzahl der Kugeln verdoppeln, einzeichnen und Gleichung notieren. **2** Verdopplungsaufgaben zeichnerisch lösen.
Anzahlen notieren. **3** Eigene Verdopplungsaufgaben finden und die Tabelle vervollständigen.

53

→ Schülerbuch, Seite 76

Halbieren

○ 1

12 = ___ + ___   6 = ___ + ___   14 = ___ + ___

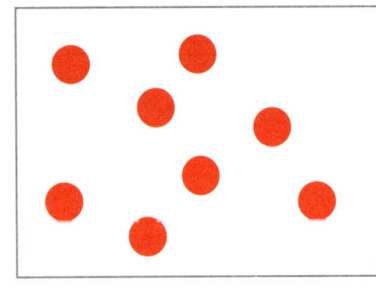 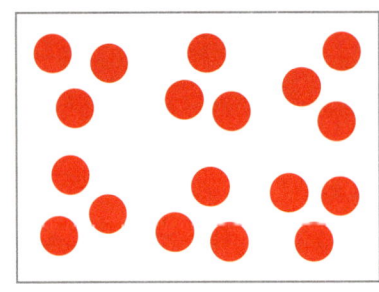 

8 = ___ + ___   18 = ___ + ___   20 = ___ + ___

◐ 2 Halbiere.

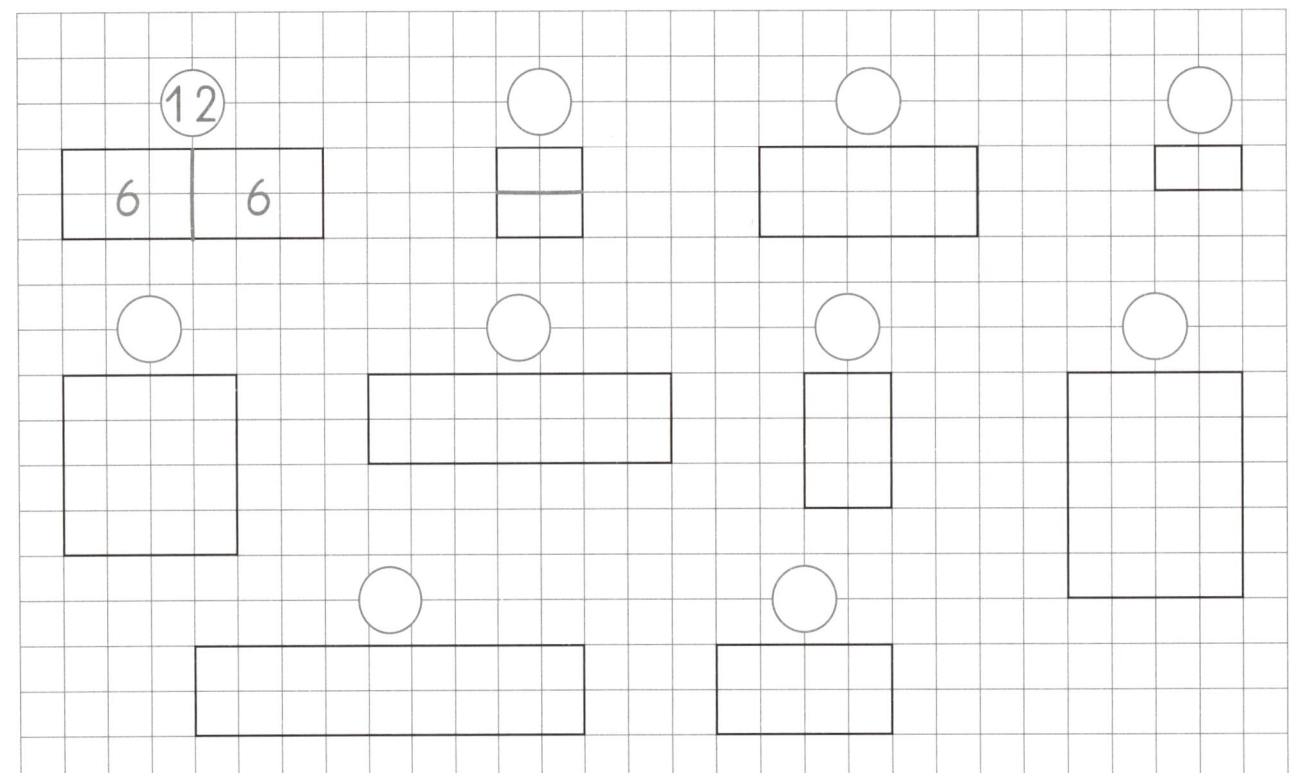

◐ 3

die Zahl	12	4	10				
die Hälfte	6						

54

1 Die Plättchen durch eine Halbierungslinie gleich aufteilen. Die Halbierungsaufgabe notieren.   2 Figuren halbieren und Zahlen notieren.   3 Eigene Halbierungsaufgaben finden und die Tabelle vervollständigen.

→ Schülerbuch, Seite 77

Geld: Cent

 **1**

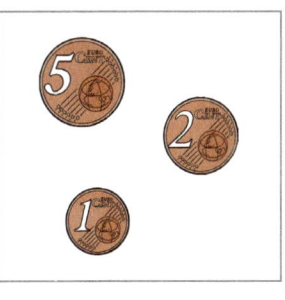

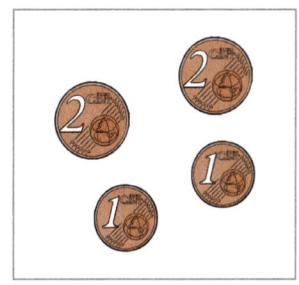

| ct | | | |

2 Ergänze.

| 6 ct | 5 ct | 8 ct | 17 ct |

3 Immer 7 Cent.

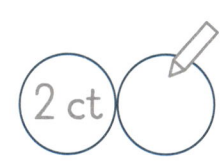

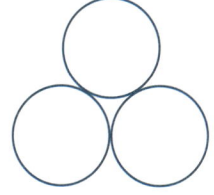

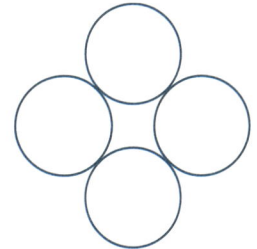

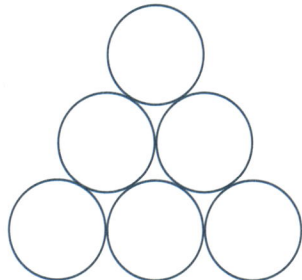

4 Was ist zu viel? Streiche durch.

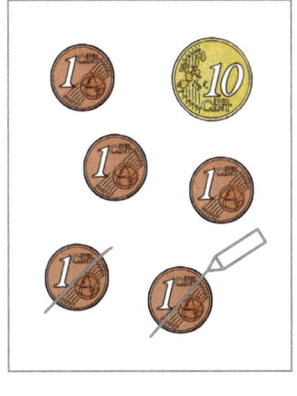

| 13 ct | 15 ct | 17 ct | 19 ct |

1 Den Wert der Cent-Beträge notieren.   2 Die fehlenden Münzen ergänzen. Teilweise sind mehrere Lösungen möglich.
3 Immer 7 Cent mit vorgegebenen Münzenanzahlen legen und notieren   4 Überzählige Münzen wegstreichen. Hier sind
mehrere Streichungen möglich.

55

→ Schülerbuch, Seite 78

Geld: Euro

€			

○ 2 Ergänze.

6 €	11 €	13 €	7 €

◓ 3 Immer 8 Euro.

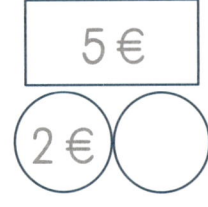 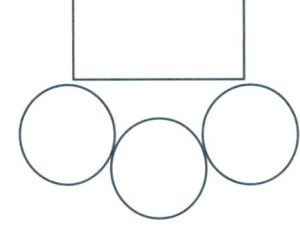 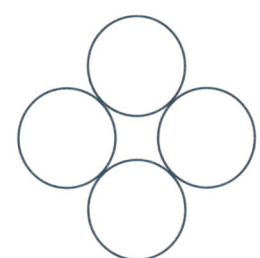 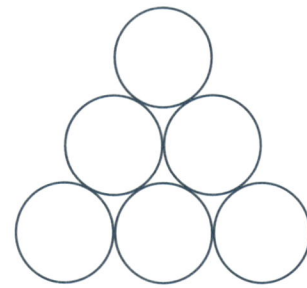

◓ 4 Was ist zu viel? Streiche durch.

14 €	16 €	18 €	20 €

56

1 Den Wert der Euro-Beträge notieren.   2 Die fehlenden Münzen ergänzen. Teilweise sind mehrere Lösungen möglich.
3 Immer 8 Euro mit vorgegebenen Münz- und Scheinanzahlen legen und notieren.   4 Überzählige Münzen und Scheine
wegstreichen. Hier sind mehrere Streichungen möglich.

→ Schülerbuch, Seite 79

Mit Geld rechnen

1

 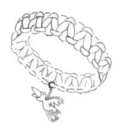   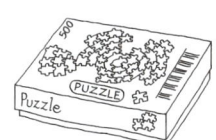 

4 € + 3 € =   €

| 5 € | ⟳ |

2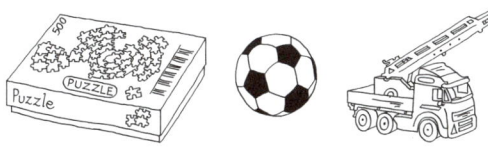

1, 2 Additionsaufgabe notieren. Gesamtpreis berechnen und mit Münzen und Scheinen malen. Hier sind mehrere Lösungen möglich.

→ Schülerbuch, Seite 80

Mit Geld rechnen

1

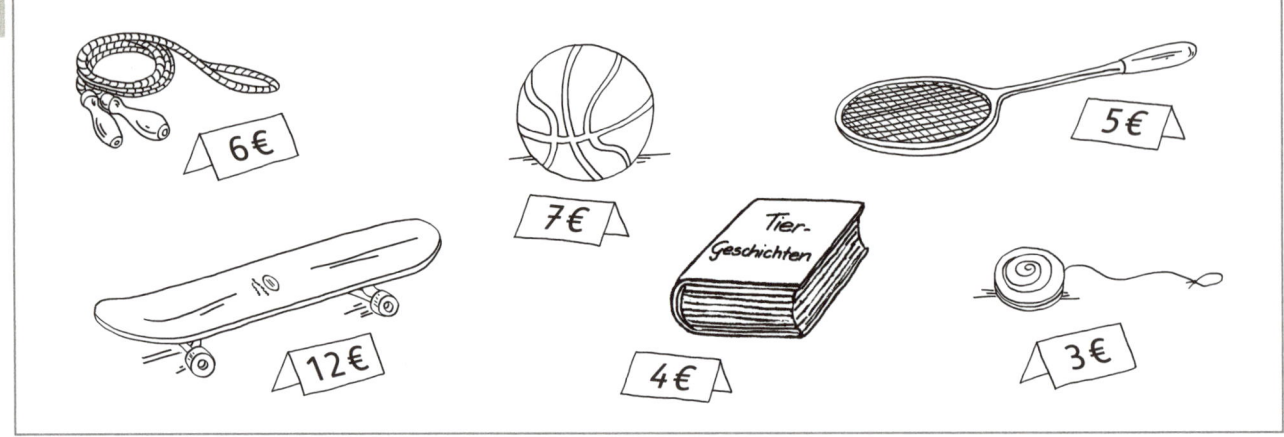

Tom hat:	Er kauft:	Ali hat:	Er kauft:

$10 \, € - 5 \, € = \quad €$

Er bekommt _____ € zurück.

Er bekommt _____ € zurück.

Lea hat:	Sie kauft:	Paula hat:	Sie kauft:

 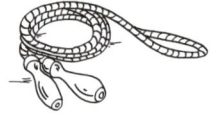   

Sie bekommt _____ € zurück.

Sie bekommt _____ € zurück.

2 Jona hat: Er kauft: Mia hat: Sie kauft:

    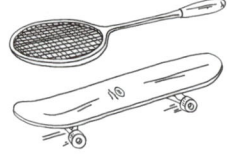

Er bekommt _____ € zurück.

Sie bekommt _____ € zurück.

58

1, 2 Restgeld berechnen und notieren.

→ Schülerbuch, Seite 81

Wiederholung

1

12 + 3 = ___	11 + 8 = ___	16 − 3 = ___	14 − 0 = ___
15 + 4 = ___	13 + 5 = ___	20 − 1 = ___	17 − 5 = ___
17 + 1 = ___	14 + 2 = ___	12 − 2 = ___	15 − 1 = ___
10 + 6 = ___	19 + 1 = ___	19 − 6 = ___	20 − 4 = ___
18 + 2 = ___	20 + 0 = ___	18 − 6 = ___	19 − 3 = ___

🔑
15 16 17   15 16 18   10 12 13   12 14 14
18 19 20   19 20 20   13 13 19   15 16 16

2

ct			

3

17
11   6

11 + 6 = ___
6 + 11 = ___
17 − 6 = ___
17 − 11 = ___

18
14   4

14 + 4 = ___
4 + ___ = ___
18 − 4 = ___
18 − ___ = ___

18
13   5

13 + ___ = ___
___ + ___ = ___
18 − ___ = ___
___ − ___ = ___

4

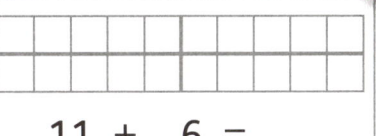

+	2	6	5
14			
11			
10			

−	3	5
16		
19		
15		13

−	3	0	4
17			
		20	
			10

1 Additions- und Subtraktionsaufgaben lösen. 2 Cent-Beträge bestimmen und notieren. 3 Aufgabenfamilien vervollständigen und ausrechnen. 4 Additions- und Subtraktionsaufgaben in Tabellen lösen.
Selbst einschätzen, wie erfolgreich die Seite bearbeitet wurde, und entsprechenden Raben ankreuzen.

→ Schülerbuch, Seite 82/83

🔽 Knobeln mit Zahlen

○ **1** Welches Zeichen steht für welche Zahl?

⭐ + 4 = 7 17 − ⭐ = 💚	18 − ⭐ = 11 ⭐ − 6 = ❤	💙 + 4 = 18 ⭐ + 💙 = 20	⭐ + 13 = 15 💛 − ⭐ = 8
⭐ _3_ 💚 _14_	⭐ ___ ❤ ___	⭐ ___ 💙 ___	⭐ ___ 💛 ___

13 − 🌸 = 10 🏠 − 6 = 🌸	19 − 🌸 = 12 🌸 + 3 = 🏠	🌸 + 🌸 = 8 16 − 🌸 = 🏠	🌸 + 🌸 = 16 🌸 − 🏠 = 🌸
🌸 ___ 🏠 ___	🌸 ___ 🏠 ___	🌸 ___ 🏠 ___	🌸 ___ 🏠 ___

◐ **2**

🔴 + 🔴 = 16

2 + 🔴 = 🔺

⬡ − 🔺 = 5

🔴 + 🟦 = 20

> Hier fange ich an.

🟩 + 🟡 = 20

14 − 🟡 = 🟡

🟩 − ⬡ = 11

🟡 + ⬡ = 🔺

🔴 ___ 🔺 ___ ⬡ ___ 🟦 ___   🟦 ___ 🟡 ___ ⬡ ___ 🔺 ___

● **3**

🔺 + 🔺 + 🔺 = 3

16 − ⬡ − ⬡ = 10

🔺 + ⬡ + 🟦 = 18

17 − 🔺 − 🟦 = 🔴

⬡ + 🔵 + 🟦 = 18

🟧 + 🟧 + 🟧 = 15

12 − 🔵 − 🔵 = 0

🔵 + ⬡ + 🔺 = 17

🔺 ___ 🔵 ___ 🟦 ___ 🔴 ___   🟧 ___ 🔵 ___ 🟡 ___ 🔺 ___

1–3 Zahlbeziehungen erkennen und zum Lösen der Symbolrätsel nutzen. Jede Form / Farbe steht dabei für eine Zahl. Die Lösungen auf den dafür vorgesehenen Linien eintragen. Die Kinder können die Zahlen als zusätzliche Hilfe auch direkt in den Formen notieren.

→ Schülerbuch, Seite 85

Plus: Rund um die 10

○ 1

$3 + \underline{} = 10$ $1 + \underline{} = 10$ $\underline{} + 5 = 10$ $\underline{} + 0 = 10$

$2 + \underline{} = 10$ $9 + \underline{} = 10$ $\underline{} + 10 = 10$ $\underline{} + 8 = 10$

$8 + \underline{} = 10$ $10 + \underline{} = 10$ $\underline{} + 6 = 10$ $\underline{} + 7 = 10$

$5 + \underline{} = 10$ $7 + \underline{} = 10$ $\underline{} + 4 = 10$ $\underline{} + 1 = 10$

○ 2

Haus 3:
$\underline{} + 0$
$\underline{} + 1$
$1 + \underline{}$
$0 + \underline{}$

Haus 5:
$5 + \underline{}$
$\underline{} + 1$
$3 + \underline{}$
$\underline{} + 3$
$1 + \underline{}$
$\underline{} + 5$

Haus 7:
$\underline{} + 0$
$\underline{} + 1$
$5 + \underline{}$
$4 + \underline{}$
$\underline{} + 4$
$\underline{} + 5$
$1 + \underline{}$
$0 + \underline{}$

Haus 6:
$\underline{} + \underline{}$
$\underline{} + \underline{}$
$\underline{} + \underline{}$
$\underline{} + \underline{}$
$\underline{} + \underline{}$
$\underline{} + \underline{}$
$\underline{} + \underline{}$
$\underline{} + \underline{}$

○ 3

$6 + 4 + 3 = \underline{}$ $3 + 7 + 4 = \underline{}$ $9 + 1 + 6 = \underline{}$

$5 + 5 + 2 = \underline{}$ $1 + 9 + 7 = \underline{}$ $3 + 7 + 0 = \underline{}$

$7 + 3 + 6 = \underline{}$ $4 + 6 + 9 = \underline{}$ $8 + 2 + 5 = \underline{}$

$9 + 1 + 3 = \underline{}$ $10 + 0 + 6 = \underline{}$ $0 + 10 + 9 = \underline{}$

🔑   12   13   13   16   17   14   16   16   17   19   10   15   16   18   19

◑ 4

$5 + 3 = \underline{}$ $11 + 0 = \underline{}$ $0 + 5 = \underline{}$

$5 + 4 = \underline{}$ $10 + 2 = \underline{}$ $2 + 5 = \underline{}$

$5 + 5 = \underline{}$ $9 + 4 = \underline{}$ $4 + 5 = \underline{}$

$\underline{} + \underline{} = \underline{}$ $\underline{} + \underline{} = \underline{}$ $\underline{} + \underline{} = \underline{}$

$\underline{} + \underline{} = \underline{}$ $\underline{} + \underline{} = \underline{}$ $\underline{} + \underline{} = \underline{}$

1 Ergänzen bis 10 üben.   **2** Zerlegungen einzelner Zahlen wiederholen.   **3** Zuerst bis zur 10 und dann weiter addieren. Ergebnisse mit den Lösungszahlen selbst kontrollieren. Jeweils eine Lösungszahl bleibt übrig.   **4** Schrittweise über den Zehner rechnen mit Aufgabenrollen.

61

→ Schülerbuch, Seite 86

Plus: Zuerst bis zur 10

○ **1** Rechne zuerst bis zur 10.

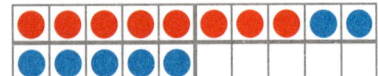

$$8 + 7 =$$
$$\underline{} + \underline{} = 10$$
$$\underline{} + \underline{} =$$

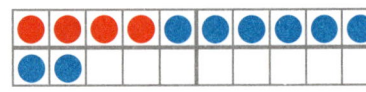

$$7 + 6 =$$
$$\underline{} + \underline{} = 10$$
$$\underline{} + \underline{} =$$

$$4 + 8 =$$
$$\underline{} + \underline{} = 10$$
$$\underline{} + \underline{} =$$

$$5 + 9 =$$
$$\underline{} + \underline{} = 10$$
$$\underline{} + \underline{} =$$

$$8 + 5 =$$
$$\underline{} + \underline{} = 10$$
$$\underline{} + \underline{} =$$

$$9 + 2 =$$
$$\underline{} + \underline{} = 10$$
$$\underline{} + \underline{} =$$

$$9 + 6 =$$
$$\underline{} + \underline{} =$$
$$\underline{} + \underline{} =$$

$$7 + 5 =$$
$$\underline{} + \underline{} =$$
$$\underline{} + \underline{} =$$

$$9 + 8 =$$
$$\underline{} + \underline{} =$$
$$\underline{} + \underline{} =$$

○ **2**

$$3 + 8 =$$
$$\underline{} + \underline{} =$$
$$\underline{} + \underline{} =$$

$$9 + 5 =$$
$$\underline{} + \underline{} =$$
$$\underline{} + \underline{} =$$

$$6 + 7 =$$
$$\underline{} + \underline{} =$$
$$\underline{} + \underline{} =$$

◔ **3**

$$7 + 0 = \underline{}$$
$$7 + 2 = \underline{}$$
$$7 + 4 = \underline{}$$
$$\underline{} + \underline{} =$$
$$\underline{} + \underline{} =$$
$$\underline{} + \underline{} =$$
$$\underline{} + \underline{} =$$

$$3 + 8 = \underline{}$$
$$3 + 9 = \underline{}$$
$$4 + 8 = \underline{}$$
$$4 + 9 = \underline{}$$
$$5 + \underline{} =$$
$$\underline{} + \underline{} =$$
$$\underline{} + \underline{} =$$

$$6 + 8 = \underline{}$$
$$7 + 8 = \underline{}$$
$$6 + 7 = \underline{}$$
$$7 + 7 = \underline{}$$
$$\underline{} + 6 =$$
$$\underline{} + \underline{} =$$
$$\underline{} + \underline{} =$$

1, 2 Aufgaben mit der Strategie „Zuerst bis zur 10" lösen, ggf. am Zwanzigerfeld legen und zeichnen. **3** Aufgabenrollen bearbeiten. Muster entdecken und fortführen.

→ Schülerbuch, Seite 87

Plus: Rechenwege über die 10

○ 1 Wie rechnest du?

$$7 + 9 = \underline{\hspace{2cm}}$$

$$8 + 4 = \underline{\hspace{2cm}}$$

$$4 + 9 = \underline{\hspace{2cm}}$$

$$6 + 5 = \underline{\hspace{2cm}}$$

$$2 + 9 = \underline{\hspace{2cm}}$$

$$7 + 6 = \underline{\hspace{2cm}}$$

$$9 + 7 = \underline{\hspace{2cm}}$$

$$7 + 4 = \underline{\hspace{2cm}}$$

○ 2

$$9 + 6 = \underline{\hspace{2cm}}$$

$$3 + 8 = \underline{\hspace{2cm}}$$

$$8 + 8 = \underline{\hspace{2cm}}$$

⊖ 3

$7 + 7 = \underline{\hspace{1cm}}$	$8 + 5 = \underline{\hspace{1cm}}$	$6 + 6 = \underline{\hspace{1cm}}$
$7 + 6 = \underline{\hspace{1cm}}$	$9 + 5 = \underline{\hspace{1cm}}$	$6 + 7 = \underline{\hspace{1cm}}$
$7 + 5 = \underline{\hspace{1cm}}$	$8 + 6 = \underline{\hspace{1cm}}$	$7 + 6 = \underline{\hspace{1cm}}$
$\underline{\hspace{0.5cm}} + \underline{\hspace{0.5cm}} = \underline{\hspace{1cm}}$	$9 + 6 = \underline{\hspace{1cm}}$	$7 + 7 = \underline{\hspace{1cm}}$
$\underline{\hspace{0.5cm}} + \underline{\hspace{0.5cm}} = \underline{\hspace{1cm}}$	$\underline{\hspace{0.5cm}} + 7 = \underline{\hspace{1cm}}$	$8 + \underline{\hspace{0.5cm}} = \underline{\hspace{1cm}}$
$\underline{\hspace{0.5cm}} + \underline{\hspace{0.5cm}} = \underline{\hspace{1cm}}$	$\underline{\hspace{0.5cm}} + \underline{\hspace{0.5cm}} = \underline{\hspace{1cm}}$	$\underline{\hspace{0.5cm}} + \underline{\hspace{0.5cm}} = \underline{\hspace{1cm}}$
$\underline{\hspace{0.5cm}} + \underline{\hspace{0.5cm}} = \underline{\hspace{1cm}}$	$\underline{\hspace{0.5cm}} + \underline{\hspace{0.5cm}} = \underline{\hspace{1cm}}$	$\underline{\hspace{0.5cm}} + \underline{\hspace{0.5cm}} = \underline{\hspace{1cm}}$

1, 2 Aufgaben lösen, ggf. am Zwanzigerfeld legen und zeichnen. Dabei eigene Strategien nutzen.   **3** Aufgabenrollen bearbeiten.
Muster entdecken und fortführen.

→ Schülerbuch, Seite 88

Die 1 + 1 Tafel

○ 1 Ergänze die 1 + 1 Tafel.

+	0	1	2	3	4	5	6	7	8	9	10
0	0										
1											
2											
3											
4											
5											
6											
7											
8											
9											
10											

○ 2 Was bedeuten die Farben? Verbinde.

| Aufgaben mit Ergebnis 10 | Aufgaben mit Verdoppeln | Aufgaben mit 0 oder mit 10 | andere Aufgaben |

64

1 Ergebnisse in der 1 + 1 Tafel ergänzen. 2 Farbsystematik der 1 + 1 Tafel erkennen und entsprechend verbinden.

→ Schülerbuch, Seite 89

Nachbaraufgaben

○ **1** Finde alle Nachbaraufgaben. Welche Aufgabe hilft dir? Kreise ein.

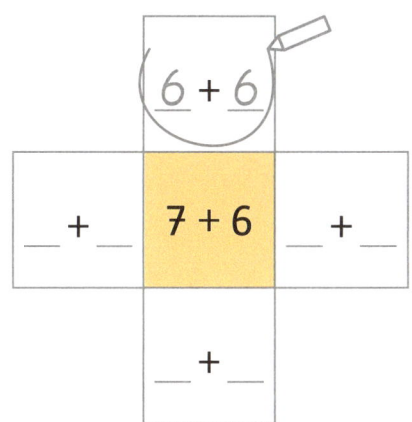

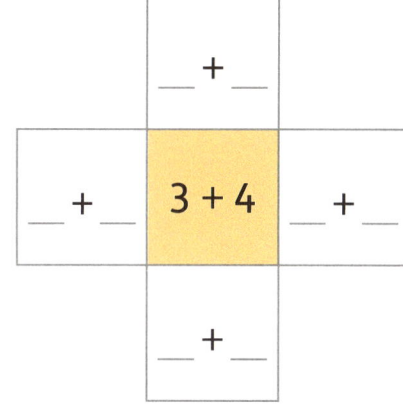

__ + __	__ + __	__ + __
__ + __ **7 + 6** __ + __	__ + __ **8 + 3** __ + __	__ + __ **3 + 4** __ + __
__ + __	__ + __	__ + __

7 + 6 = ___   8 + 3 = ___   3 + 4 = ___

6 + 6 = 12   ___ + ___ = ___   ___ + ___ = ___

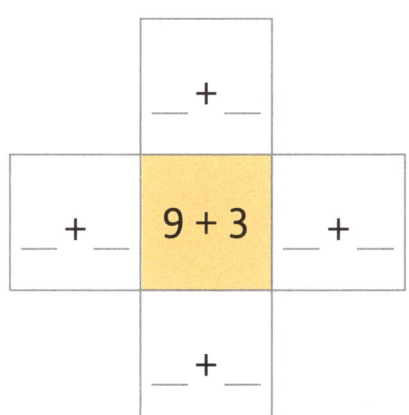

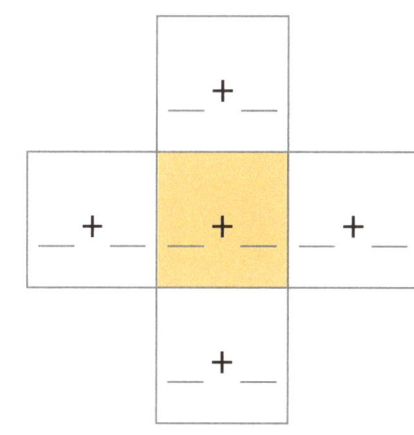

__ + __	__ + __	__ + __
__ + __ **9 + 3** __ + __	__ + __ **6 + 5** __ + __	__ + __ **__ + __** __ + __
__ + __	__ + __	__ + __

9 + 3 = ___   6 + 5 = ___   ___ + ___ = ___

___ + ___ = ___   ___ + ___ = ___   ___ + ___ = ___

◐ **2** Welche Nachbaraufgabe hilft dir? Schreibe auf und rechne.

7 + 2 = ___   4 + 5 = ___   1 + 8 = ___

7 + 3 = ___   _____   _____

3 + 8 = ___   9 + 6 = ___   8 + 7 = ___

_____   _____   _____

9 + 4 = ___   5 + 6 = ___   6 + 7 = ___

_____   _____   _____

1 Nachbaraufgaben auf der 1 + 1 Tafel finden und notieren. Aufgaben lösen und die geeignete Hilfsaufgabe zur Lösung einkreisen.
2 Geeignete Nachbaraufgaben auswählen und notieren. Beide Aufgaben lösen.

→ Schülerbuch, Seite 90

Plusaufgaben üben

○ 1 Rechne Aufgabe und Tauschaufgabe.

7 + 5 = _12_	4 + 8 = ___	7 + 9 = ___	3 + 7 = ___
_5_ + _7_ = _12_	___ + ___ =	___ + ___ =	___ + ___ =

5 + 9 = ___	9 + 4 = ___	8 + 6 = ___	2 + 9 = ___
___ + ___ =	___ + ___ =	___ + ___ =	___ + ___ =

5 + 6 = ___	0 + 9 = ___	3 + 8 = ___	7 + 6 = ___
___ + ___ =	___ + ___ =	___ + ___ =	___ + ___ =

○ 2

6 + 5 = ___	3 + 8 = ___	4 + 7 = ___	9 + 7 = ___
9 + 6 = ___	6 + 6 = ___	5 + 6 = ___	5 + 9 = ___
5 + 8 = ___	5 + 7 = ___	6 + 9 = ___	8 + 7 = ___
7 + 9 = ___	10 + 8 = ___	8 + 4 = ___	8 + 9 = ___

⚷ 11 13 14 15 16   11 12 12 15 18   11 11 12 13 15   14 15 16 17 18

8 + 1 = ___	8 + 6 = ___
6 + 8 = ___	3 + 7 = ___
3 + 9 = ___	7 + 4 = ___
8 + 5 = ___	6 + 7 = ___

⚷ 9 10 12 13 14   10 11 13 14 14

○ 3

+	7	8	9
2			
5			

+	5	7	9
3			
6			

+	5		
4		10	11
8			

+	3	4	10
5			
4			

+	3	6	9
8			
9			

+	6	4	
		6	
7			15

1 Tauschaufgaben als Kontrollmöglichkeit anwenden. **2** Aufgaben lösen und mit den Lösungszahlen kontrollieren.
Pro Päckchen bleibt eine Zahl übrig. **3** Additionstabelle lösen.

→ Schülerbuch, Seite 91

Plus: vorteilhaft rechnen

○ 1 Rechne geschickt.

8 + 7 + 2 = ____   9 + 4 + 1 = ____   6 + 7 + 3 = ____
_8 + 2_   _____   _____

5 + 8 + 5 = ____   7 + 6 + 7 = ____   3 + 6 + 6 = ____
_____   _____   _____

9 + 2 + 9 = ____   8 + 0 + 8 = ____   9 + 5 + 5 = ____
_____   _____   _____

○ 2
4 + 2 + 6 = ____   3 + 8 + 8 = ____   1 + 4 + 9 + 3 = ____
7 + 1 + 3 = ____   6 + 7 + 4 = ____   3 + 2 + 6 + 4 = ____
4 + 5 + 5 = ____   4 + 3 + 7 = ____   5 + 8 + 0 + 5 = ____
9 + 8 + 2 = ____   1 + 2 + 9 = ____   6 + 6 + 4 + 1 = ____
1 + 6 + 9 = ____   5 + 5 + 3 = ____   2 + 7 + 3 + 8 = ____

🔑 11 12 14 15 16 19   12 13 14 17 18 19   15 16 17 17 18 20

◑ 3

3 + 8 + 7   7 + 6 + 6   2 + 9 + 8

5 + 9 + 5   1 + 9 + 5

7 + 5 + 7   5 + 5 + 5

8 + 8 + 2

7 + 1 + 7   4 + 7 + 7

15   18   19   20

4 + 6 + 5   0 + 9 + 9

____ + ____ + ____   ____ + ____ + ____   ____ + ____ + ____   ____ + ____ + ____

5 + 3 + 5 + 2   4 + 8 + 5 + 2   4 + 1 + 9 + 4   7 + 7 + 3 + 3

1, 2 Rechenvorteile beim Lösen von Aufgaben mit mehreren Summanden nutzen.   **3** Aufgabenkarten mit der Farbe der Lösung ausmalen. Passende Aufgaben für das Ergebnis 20 finden.

 67

→ Schülerbuch, Seite 92

Minus: Rund um die 10

○ **1**

11 – ____ = 10	15 – 5 = ____	12 – ____ = 10	14 – 4 = ____
17 – ____ = 10	12 – 2 = ____	16 – 6 = ____	15 – ____ = 10
14 – ____ = 10	18 – 8 = ____	13 – ____ = 10	17 – 7 = ____
16 – ____ = 10	13 – 3 = ____	11 – 1 = ____	10 – ____ = 10

○ **2**

10 – 5 = ____	10 – 3 = ____	10 – 0 = ____	10 – ____ = 9
10 – 9 = ____	10 – 6 = ____	10 – 2 = ____	____ – 4 = 6
10 – 7 = ____	10 – 8 = ____	10 – 4 = ____	10 – ____ = 7

○ **3**

9

9 + ____
8 + ____
____ + 2
____ + 3
5 + ____
4 + ____
____ + 6
____ + 7
1 + ____
0 + ____

8

____ + 0
____ + 1
____ + ____
____ + ____
____ + ____
____ + ____
____ + ____
____ + ____
____ + ____

4

4 + ____
3 + ____
____ + 2
____ + 3
0 + ____

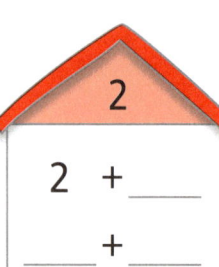

2

2 + ____
____ + ____
____ + ____

◐ **4** Zuerst zur 10, dann weiter.

13 – 3 – 7 = ____	12 – 2 – 6 = ____	18 – 8 – 7 = ____
11 – 1 – 5 = ____	19 – 9 – 5 = ____	15 – 5 – 3 = ____
18 – 8 – 4 = ____	16 – 6 – 2 = ____	18 – 8 – 9 = ____
16 – 6 – 8 = ____	14 – 4 – 8 = ____	19 – 9 – 8 = ____

🔑 2 3 4 5 6   2 4 5 6 8   1 2 3 7 9

1 Subtrahieren zur 10.   2 Subtrahieren von der 10.   3 Zerlegungen einzelner Zahlen wiederholen.   4 Subtrahieren zur 10 und dann weiter.

→ Schülerbuch, Seite 93

Minus: Zuerst bis zur 10

1 Rechne zuerst bis zur 10.

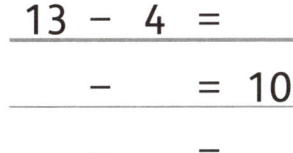 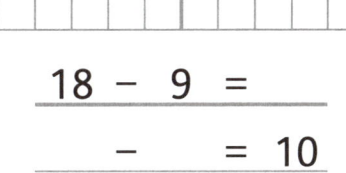 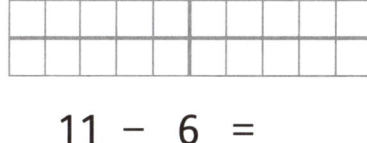

13 − 4 = _____
_____ − _____ = 10
_____ − _____ = _____

18 − 9 = _____
_____ − _____ = 10
_____ − _____ = _____

11 − 6 = _____
_____ − _____ = 10
_____ − _____ = _____

14 − 8 = _____
_____ − _____ = 10
_____ − _____ = _____

12 − 5 = _____
_____ − _____ = 10
_____ − _____ = _____

15 − 7 = _____
_____ − _____ = 10
_____ − _____ = _____

11 − 8 = _____
_____ − _____ = _____
_____ − _____ = _____

17 − 8 = _____
_____ − _____ = _____
_____ − _____ = _____

13 − 8 = _____
_____ − _____ = _____
_____ − _____ = _____

2
13 − 6 = _____
_____ − _____ = _____
_____ − _____ = _____

15 − 8 = _____
_____ − _____ = _____
_____ − _____ = _____

14 − 5 = _____
_____ − _____ = _____
_____ − _____ = _____

3

13 − 4 = _____
13 − 5 = _____
13 − 6 = _____
_____ − _____ = _____
_____ − _____ = _____
_____ − _____ = _____
_____ − _____ = _____

13 − 8 = _____
13 − 9 = _____
14 − 8 = _____
14 − 9 = _____
15 − _____ = _____
_____ − _____ = _____
_____ − _____ = _____

16 − 9 = _____
15 − 9 = _____
16 − 8 = _____
15 − 8 = _____
_____ − 7 = _____
_____ − _____ = _____
_____ − _____ = _____

1, 2 Aufgaben mit der Strategie „Zuerst bis zur 10" lösen, ggf. am Zwanzigerfeld legen und zeichnen.
3 Aufgabenrollen bearbeiten. Muster entdecken und fortführen.

→ Schülerbuch, Seite 94

Minus: Rechenwege über die 10

○ 1 Wie rechnest du?

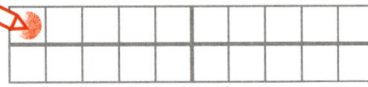

13 − 7 = ___

_____

_____

11 − 9 = ___

_____

_____

12 − 8 = ___

_____

_____

17 − 8 = ___

_____

_____

14 − 6 = ___

_____

_____

11 − 7 = ___

_____

_____

14 − 5 = ___

_____

_____

16 − 8 = ___

_____

_____

12 − 5 = ___

_____

_____

○ 2   18 − 9 = ___

_____

_____

14 − 7 = ___

_____

_____

11 − 8 = ___

_____

_____

◑ 3

10 − 9 = ___
11 − 8 = ___
12 − 7 = ___
___ − ___ = ___
___ − ___ = ___
___ − ___ = ___
___ − ___ = ___

13 − 6 = ___
14 − 6 = ___
13 − 7 = ___
14 − 7 = ___
___ − 8 = ___
___ − ___ = ___
___ − ___ = ___

16 − 8 = ___
16 − 9 = ___
15 − 8 = ___
15 − 9 = ___
14 − ___ = ___
___ − ___ = ___
___ − ___ = ___

1, 2 Aufgaben lösen, ggf. am Zwanzigerfeld legen und zeichnen. Dabei eigene Strategien nutzen.
3 Aufgabenrollen bearbeiten. Muster entdecken und fortführen.

→ Schülerbuch, Seite 95

Minusaufgaben üben

○ 1 Kontrolliere mit der Umkehraufgabe.

$11 - 4 = \underline{7}$ $13 - 4 = \underline{}$ $12 - 7 = \underline{}$ $16 - 7 = \underline{}$

$\underline{7 + 4 =}$ $\underline{}$ $\underline{}$ $\underline{}$

$14 - 8 = \underline{}$ $18 - 9 = \underline{}$ $15 - 7 = \underline{}$ $17 - 8 = \underline{}$

$\underline{}$ $\underline{}$ $\underline{}$ $\underline{}$

○ 2

$11 - 6 = \underline{}$	$14 - 9 = \underline{}$	$13 - 5 = \underline{}$	$18 - 10 = \underline{}$
$17 - 9 = \underline{}$	$12 - 7 = \underline{}$	$10 - 4 = \underline{}$	$11 - 7 = \underline{}$
$13 - 8 = \underline{}$	$15 - 6 = \underline{}$	$11 - 9 = \underline{}$	$12 - 4 = \underline{}$
$10 - 3 = \underline{}$	$16 - 8 = \underline{}$	$15 - 8 = \underline{}$	$14 - 9 = \underline{}$

🔑 5 5 6 7 8   5 5 7 8 9   2 5 6 7 8   3 4 5 8 8

$12 - 9 = \underline{}$	$11 - 3 = \underline{}$	$14 - 6 = \underline{}$	$16 - 9 = \underline{}$
$14 - 7 = \underline{}$	$12 - 6 = \underline{}$	$13 - 7 = \underline{}$	$19 - 10 = \underline{}$
$11 - 5 = \underline{}$	$10 - 8 = \underline{}$	$18 - 9 = \underline{}$	$12 - 5 = \underline{}$
$13 - 6 = \underline{}$	$15 - 9 = \underline{}$	$11 - 2 = \underline{}$	$15 - 7 = \underline{}$

🔑 3 6 7 7 8   2 6 6 7 8   6 7 8 9 9   7 7 8 9 9

○ 3

1 Umkehraufgaben als Kontrollmöglichkeit anwenden.   2 Aufgaben lösen und selbstständig kontrollieren.
3 Aufgabenfelder in den Farben der Ergebniszahlen ausmalen.

71

→ Schülerbuch, Seite 96

Minus: vorteilhaft rechnen

1 Rechne geschickt.

$11 - 8 - 1 =$ _____
11 – 1 _____

$13 - 5 - 3 =$ _____
_____

$15 - 7 - 5 =$ _____
_____

$12 - 4 - 6 =$ _____
_____

$16 - 4 - 8 =$ _____
_____

$18 - 6 - 9 =$ _____
_____

$17 - 2 - 7 =$ _____
_____

$19 - 3 - 9 =$ _____
_____

$14 - 7 - 7 =$ _____
_____

2

$13 - 3 - 7 =$ _____
$15 - 2 - 5 =$ _____
$18 - 4 - 9 =$ _____
$12 - 6 - 0 =$ _____
$14 - 1 - 7 =$ _____

$11 - 5 - 1 =$ _____
$16 - 7 - 8 =$ _____
$19 - 9 - 2 =$ _____
$17 - 4 - 7 =$ _____
$20 - 6 - 5 =$ _____

$12 - 3 - 6 - 2 =$ _____
$13 - 2 - 4 - 3 =$ _____
$18 - 7 - 8 - 1 =$ _____
$15 - 5 - 0 - 4 =$ _____
$19 - 2 - 3 - 9 =$ _____

🔑 3 4 5 6 6 8   1 2 5 6 8 9   1 2 3 4 5 6

3

$11 - 6 - 1$

$15 - 9 - 5$

$12 - 2 - 6$

$16 - 8 - 3$

$15 - 5 - 5$

$17 - 6 - 7$

$18 - 9 - 4$

$14 - 2 - 7$

$13 - 9 - 3$

$19 - 9 - 9$

 5  4  1 0

$12 - 6 - 5$

$13 - 6 - 3$

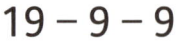
_____ – _____   _____ – _____   _____ – _____

$11 - 2 - 1 - 4$ $14 - 3 - 3 - 7$ $17 - 7 - 0 - 5$ $18 - 4 - 9 - 5$

1 Rechenvorteile beim Lösen von Aufgaben mit 2 Subtrahenden nutzen.   **2** Rechenvorteile nutzen und mit den Lösungszahlen kontrollieren.   **3** Aufgabenkarten in der Farbe der Lösung ausmalen. Passende Aufgaben für das Ergebnis 0 finden.

18

→ Schülerbuch, Seite 97

Plus- und Minusaufgaben üben

○ 1

6 + 6 = _12_	5 + 6 = ___	9 + 9 = ___	4 + 7 = ___
9 + 5 = ___	7 + 7 = ___	4 + 6 = ___	8 + 8 = ___
7 + 4 = ___	3 + 8 = ___	7 + 5 = ___	10 + 9 = ___
8 + 7 = ___	4 + 9 = ___	3 + 9 = ___	7 + 6 = ___

🗝 11 ~~12~~ 13 14 15   11 11 12 13 14   10 12 12 17 18   11 11 13 16 19

12 – 3 = ___	18 – 9 = ___	13 – 4 = ___	16 – 8 = ___
14 – 6 = ___	16 – 7 = ___	17 – 9 = ___	15 – 7 = ___
11 – 8 = ___	10 – 5 = ___	12 – 6 = ___	14 – 9 = ___
13 – 9 = ___	15 – 8 = ___	11 – 2 = ___	13 – 6 = ___

🗝 3 4 5 8 9   5 7 8 9 9   6 8 8 9 9   4 5 7 8 8

○ 2

    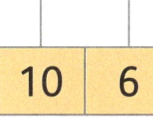 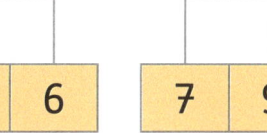 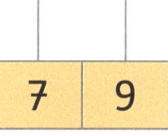 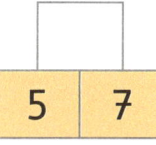 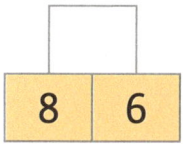 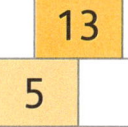  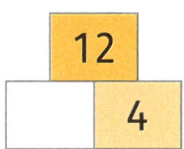     

○ 3 Finde Rechenfehler.

8 + 6 = 14 ✓	16 – 8 = 9 ☐	2 + 9 = 12 ☐
6 + 5 = ~~12~~ 11	14 – 6 = 8 ☐	17 – 8 = 9 ☐
4 + 7 = 11 ☐	12 – 4 = 8 ☐	9 + 4 = 13 ☐
9 + 3 = 13 ☐	13 – 5 = 9 ☐	15 – 6 = 8 ☐
7 + 9 = 16 ☐	11 – 2 = 9 ☐	16 – 9 = 7 ☐
5 + 8 = 13 ☐	15 – 8 = 8 ☐	7 + 5 = 2 ☐

1 Aufgaben lösen und mit den Lösungszahlen kontrollieren.   2 Rechenmauern lösen.   3 Aufgaben lösen und mit Ergebnissen vergleichen. Ergebnisse bestätigen oder richtige Ergebnisse notieren.

73

→ Schülerbuch, Seiten 98/99

Plus- und Minusaufgaben üben

1

+	3	5	8
9	12		
7			

+	9	2	4
6			
8			

+	7		
5		11	
9			18

–	5	9	7
11			
14			

–	4	7	6
13			
16			

–	8		
15		10	
12			3

2 Rechne geschickt mit der 9.

$4 + 9 =$ _____ $16 - 9 =$ _____ $14 - 9 =$ _____

$6 + 9 =$ _____ $15 - 9 =$ _____ $9 + 5 =$ _____

$9 + 9 =$ _____ $17 - 9 =$ _____ $15 - 6 =$ _____

$9 + 3 =$ _____ $18 - 9 =$ _____ $13 - 4 =$ _____

3

$7 + 4 + 3 =$ _____ $18 - 6 - 2 =$ _____ $14 - 7 - 0 =$ _____

$6 + 3 + 6 =$ _____ $14 - 2 - 5 =$ _____ $8 + 6 + 2 =$ _____

$6 + 2 + 8 =$ _____ $11 - 9 - 1 =$ _____ $7 + 5 + 7 =$ _____

$9 + 5 + 5 =$ _____ $18 - 9 - 2 =$ _____ $19 - 0 - 9 =$ _____

14   15   16   18   19   1   7   7   10   10   7   10   11   16   19

4

$7 + 2 + 3 =$ _____ $14 - 7 - 1 =$ _____ $9 + 1 - 1 =$ _____

$7 + 3 + 3 =$ _____ $12 - 6 - 1 =$ _____ $9 + 2 - 2 =$ _____

$7 + 4 + 3 =$ _____ $10 - 5 - 1 =$ _____ $9 + 3 - 3 =$ _____

$7 + 5 + 3 =$ _____ $8 - 4 - 1 =$ _____ $9 + 4 - 4 =$ _____

_____   _____   _____

_____   _____   _____

1 Tabellen lösen.   2, 3 Geschickt rechnen. Dabei Rechenvorteile nutzen (Rechnen mit der 9, Nachbaraufgaben, Tauschen von Summanden und Subtrahenden).   4 Aufgabenrollen bearbeiten. Muster entdecken und fortführen.

→ Schülerbuch, Seiten 98/99

Gleichungen und Ungleichungen

1

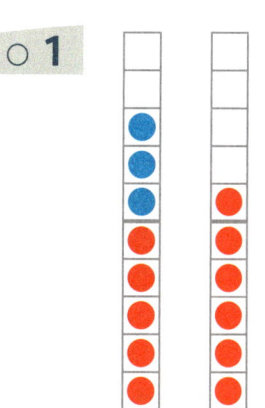   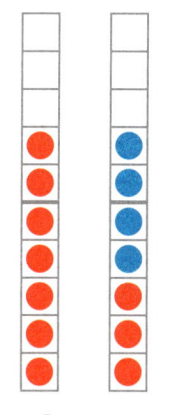   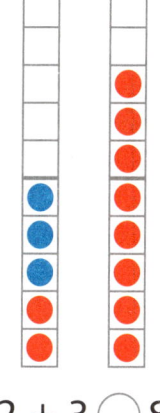   

$5 + 3 \gtrless 6$ $7 \bigcirc 3 + 4$ $2 + 3 \bigcirc 8$

2

$6 + 7 \bigcirc 12$	$3 + 8 \bigcirc 12$	$14 \bigcirc 12 + 1$	$16 \bigcirc 9 + 7$
$6 + 9 \bigcirc 14$	$7 + 6 \bigcirc 15$	$14 \bigcirc 11 + 4$	$18 \bigcirc 9 + 8$
$6 + 6 \bigcirc 13$	$8 + 9 \bigcirc 16$	$14 \bigcirc 10 + 5$	$14 \bigcirc 7 + 8$
$6 + 8 \bigcirc 14$	$4 + 8 \bigcirc 12$	$14 \bigcirc 9 + 7$	$15 \bigcirc 4 + 7$
$6 + 7 \bigcirc 14$	$5 + 7 \bigcirc 11$	$14 \bigcirc 8 + 4$	$13 \bigcirc 7 + 6$

3

$5 + 4 \bigcirc 6 + 7$	$5 + 3 \bigcirc 6 + 6$	$6 + 3 \bigcirc 5 + 8$
$6 + 4 \bigcirc 5 + 4$	$9 + 3 \bigcirc 8 + 3$	$3 + 7 \bigcirc 4 + 3$
$7 + 4 \bigcirc 9 + 1$	$4 + 6 \bigcirc 3 + 5$	$4 + 5 \bigcirc 2 + 8$
$8 + 4 \bigcirc 7 + 6$	$5 + 5 \bigcirc 2 + 7$	$7 + 2 \bigcirc 8 + 1$
$9 + 4 \bigcirc 13 + 0$	$3 + 3 \bigcirc 2 + 4$	$7 + 4 \bigcirc 9 + 9$

4

| $6 + 6$ | $9 + 7$ | $5 + 9$ | $12 + 0$ | $3 + 7$ |

| $6 + 4$ | $7 + 4$ | $7 + 5$ | $9 + 4$ | $14 + 4$ |

| $10 + 2$ | $3 + 5$ | $8 + \underline{}$ | $8 + \underline{}$ | $8 + \underline{}$ |

$\underline{} + \underline{}$ $\underline{} + \underline{}$

<12 $=12$ >12

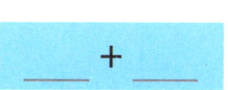

1–3 Rechensätze vergleichen.   **4** Aufgabenkarten mit der Farbe der Lösung ausmalen. Entsprechend der Farben eigene Aufgaben finden.

75

→ Schülerbuch, Seite 100

Gleichungen und Ungleichungen

○ **1**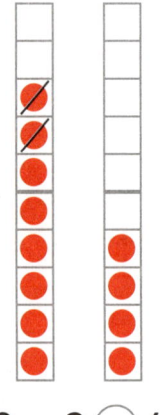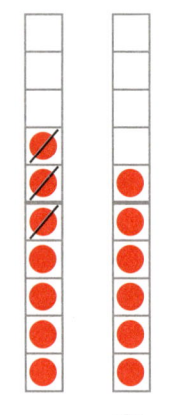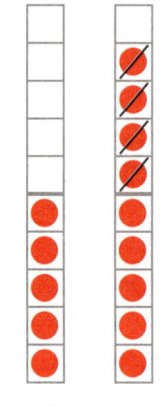

8 – 2 ◯ 4   7 – 3 ◯ 6   5 ◯ 9 – 4

○ **2**

16 – 9 ◯ 9	15 – 3 ◯ 12	12 ◯ 17 – 4	9 ◯ 19 – 2
16 – 8 ◯ 8	19 – 6 ◯ 15	12 ◯ 15 – 4	7 ◯ 15 – 7
16 – 7 ◯ 7	20 – 8 ◯ 13	12 ◯ 20 – 9	6 ◯ 13 – 7
16 – 6 ◯ 6	18 – 4 ◯ 12	12 ◯ 19 – 7	5 ◯ 11 – 8
16 – 5 ◯ 12	17 – 6 ◯ 11	12 ◯ 18 – 8	3 ◯ 9 – 3

◑ **3**

15 – 3 ◯ 16 – 4	16 – 3 ◯ 15 – 4	15 – 6 ◯ 16 – 7
19 – 2 ◯ 20 – 4	13 – 7 ◯ 14 – 8	13 – 2 ◯ 14 – 0
14 – 6 ◯ 13 – 4	14 – 5 ◯ 12 – 6	17 – 9 ◯ 18 – 9
12 – 3 ◯ 11 – 4	17 – 2 ◯ 18 – 1	20 – 3 ◯ 19 – 4
13 – 4 ◯ 12 – 4	17 – 4 ◯ 15 – 0	11 – 6 ◯ 12 – 6

◑ **4**

13 – 4   13 – 10

13 – 5   16 – 6   18 – 9

9 – 2   9 – 1

15 – 8   18 – 10   7 – 0

14 – 6   17 – 5   11 – ____

11 – ____   ____ – ____

11 – ____

____ – ____   ____ – ____

< 8   = 8   > 8

76

1–3 Rechensätze vergleichen. 4 Aufgabenkarten mit der Farbe der Lösung ausmalen. Entsprechend der Farben eigene
Aufgaben finden.

→ Schülerbuch, Seite 101

Figuren legen

○ **1** Lege unterschiedlich aus. Zähle. Schreibe auf.

☐	2
△	0
△	0
gesamt	2

☐	
△	
△	
gesamt	

☐	
△	
△	
gesamt	

☐	
△	
△	
gesamt	

○ **2**

☐	
△	
△	
gesamt	

☐	
△	
△	
gesamt	

☐	
△	
△	
gesamt	

☐	
△	
△	
gesamt	

◐ **3** Lege nach und zähle. Schreibe auf.

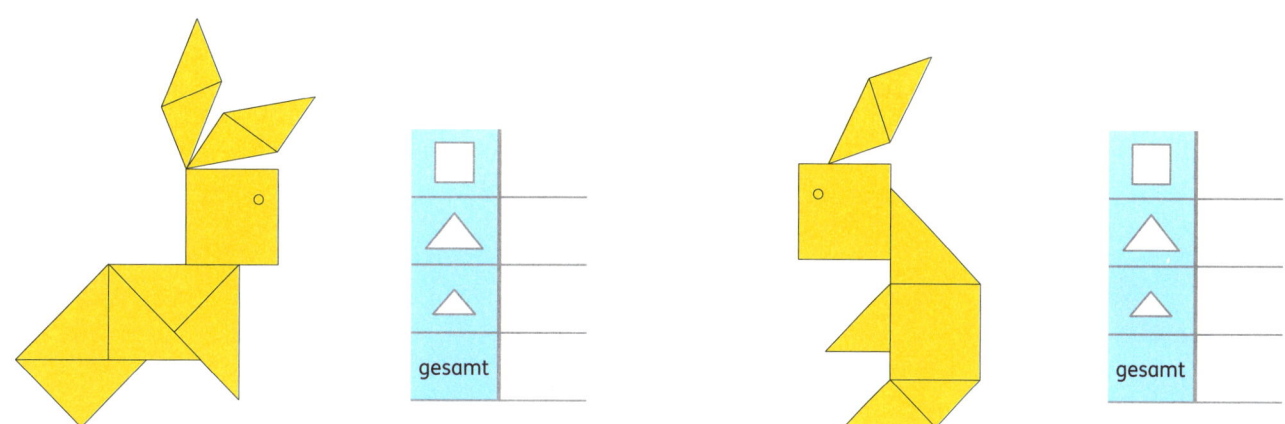

☐	
△	
△	
gesamt	

☐	
△	
△	
gesamt	

1, 2 Figuren unterschiedlich mit Geoplättchen auslegen und die jeweils verwendeten Formen zählen und notieren. Dabei auch geschickt Tauschregeln nutzen, um weitere Möglichkeiten zu finden. **3** Figuren mit Geoplättchen nachlegen und die jeweils verwendeten Formen zählen und notieren.

77

→ Schülerbuch, Seite 102

Muster zeichnen

1 Zeichne Muster.

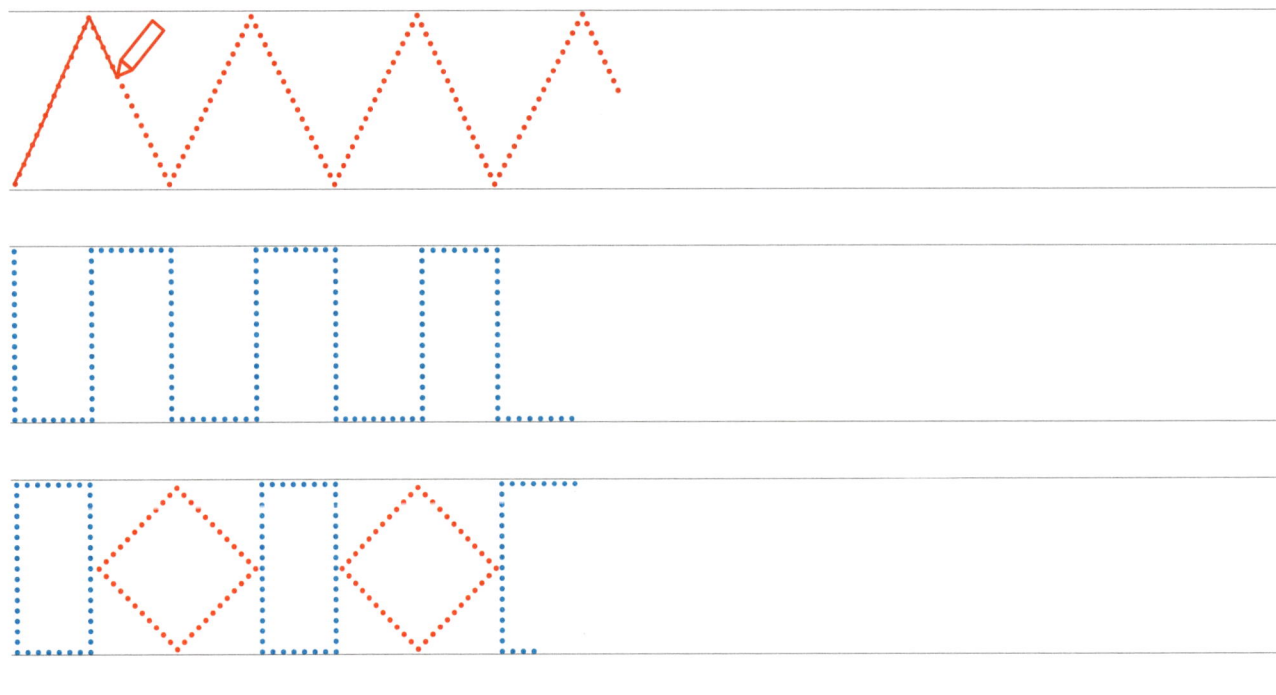

2

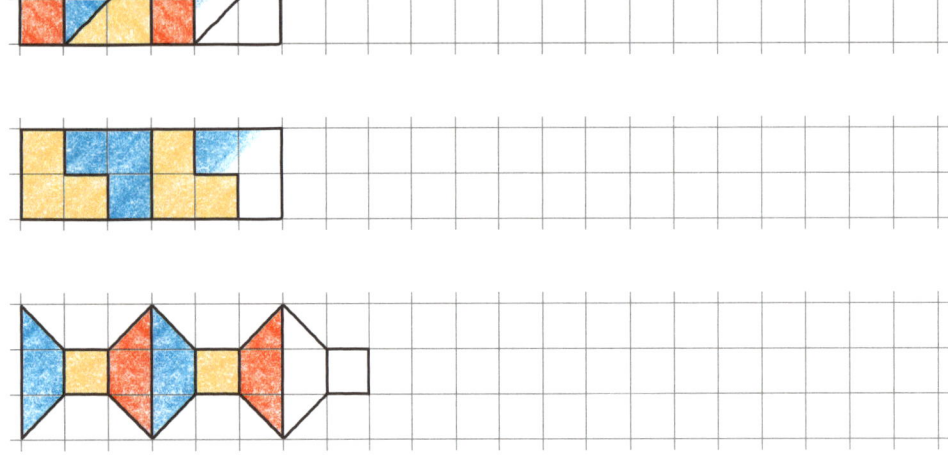

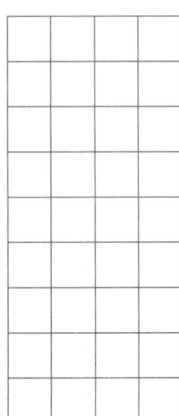

3 Zeichne die Figuren.

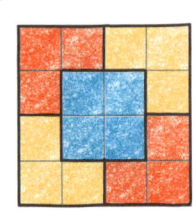 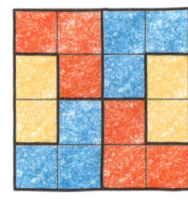 

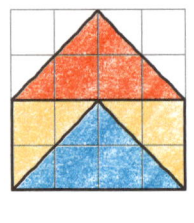

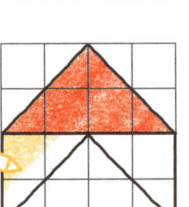

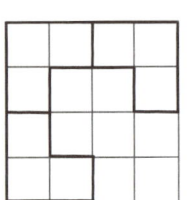

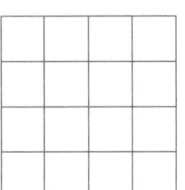

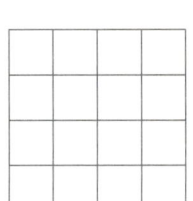

1 Angefangene Muster nachspuren und fortsetzen. **2** Bandornamente im Kästchenraster fortsetzen. **3** Abgebildete Muster im unteren Raster zeichnen und nach Vorgabe ausmalen. Eine weitere eigene Figur zeichnen.

→ Schülerbuch, Seite 104

Geobrett

1 Spanne und zeichne Figuren.

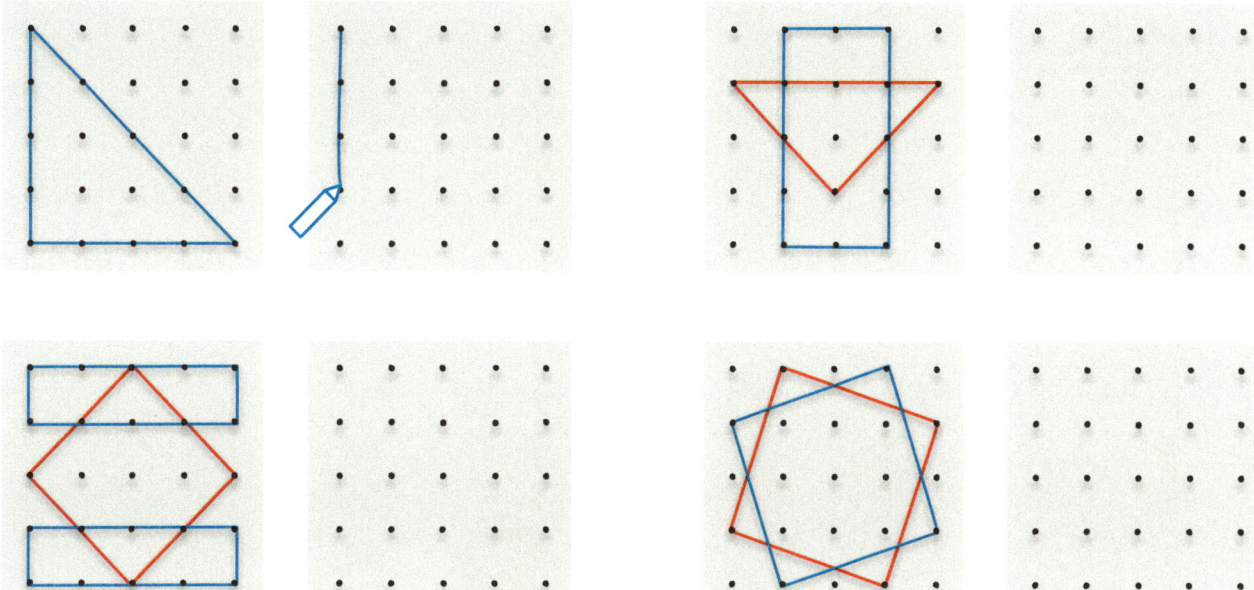

2 Aus welchen Formen sind die Figuren gespannt?

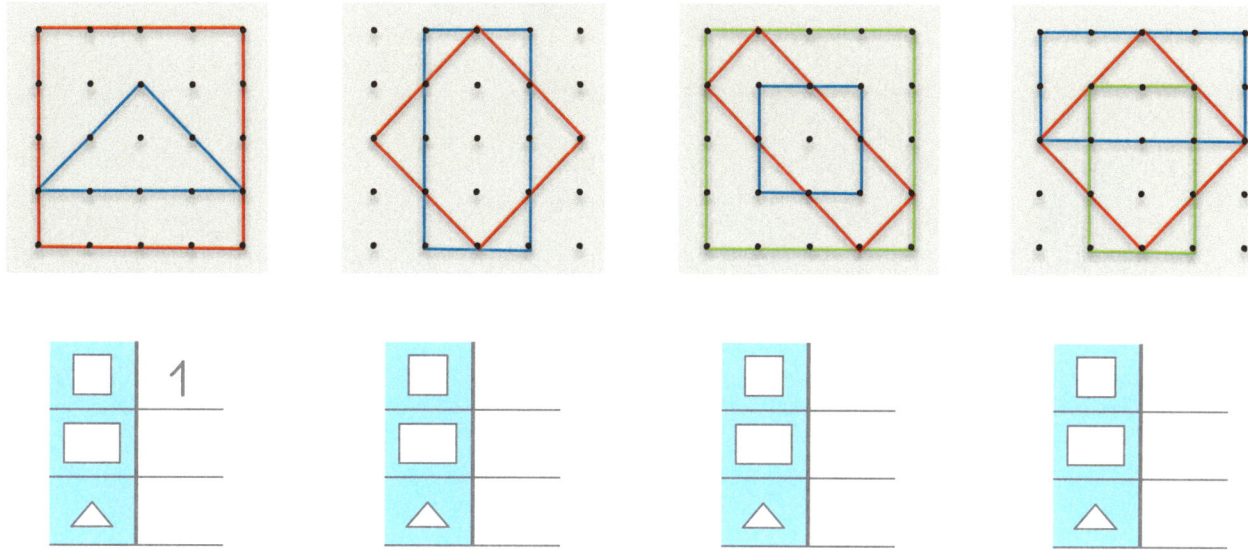

3 Spanne Formen und zeichne.

Finde 3 Lösungen.

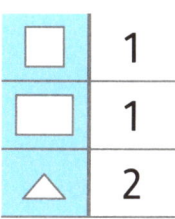
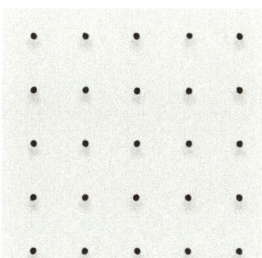
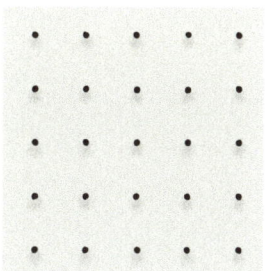
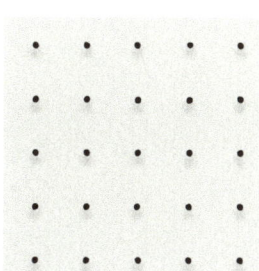

1 Figuren nachspannen und anschließend in das leere Geobrett-Raster einzeichnen. **2** Figuren spannen, geometrische Formen erkennen und deren Anzahlen notieren. **3** Nach Vorgabe der Tabelle drei Möglichkeiten auf dem Geobrett finden und in die leeren Geobrett-Raster einzeichnen.

79

→ Schülerbuch, Seiten 105 / 106

Wege finden

○ 1 Folge der Wegbeschreibung. Finde das Zielfeld.

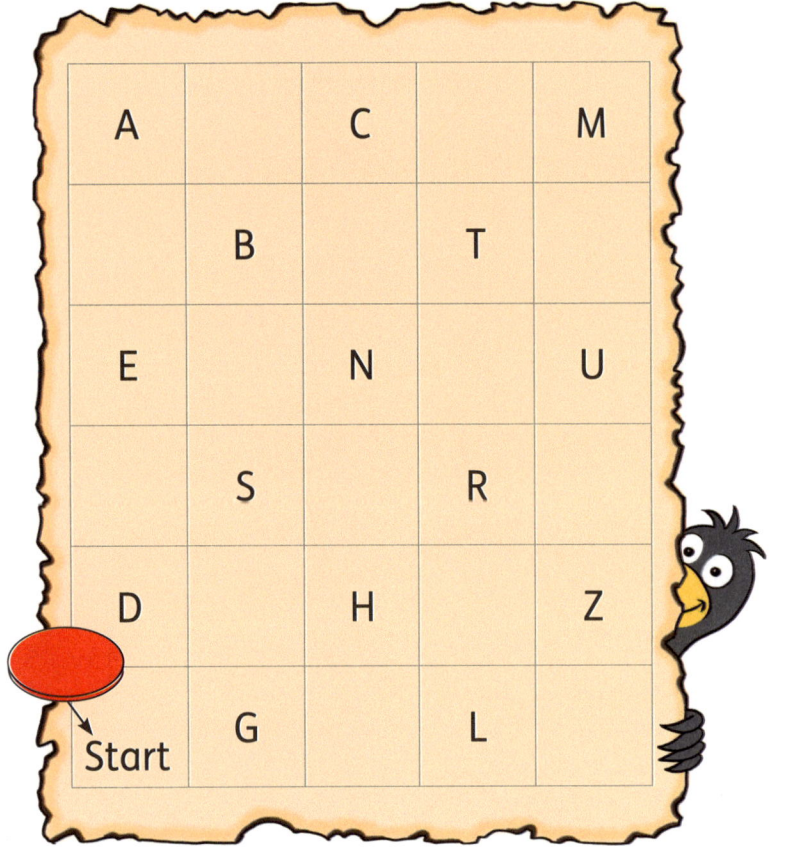

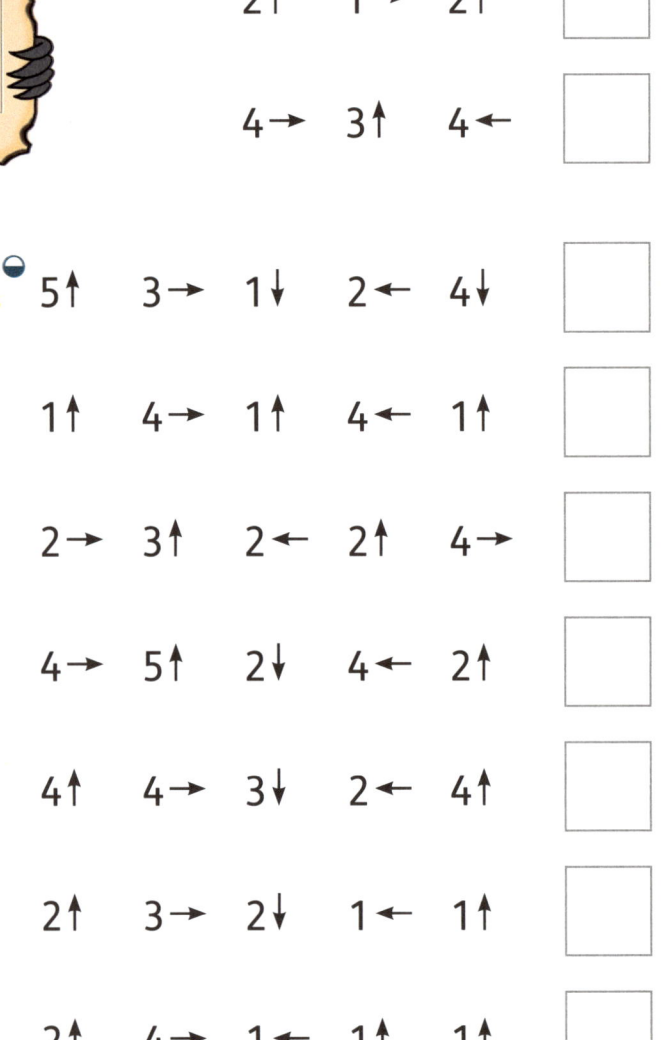

nach rechts	→
nach links	←
nach oben	↑
nach unten	↓

3↑ 3→ 1↓   R

2→ 5↑ 2←

2↑ 1→ 2↑

4→ 3↑ 4←

○ 2

3→ 1↑ 2← 1↑

5↑ 2→ 2↓ 2←

3↑ 1→ 2↓ 1→

1→ 1↑ 1↑ 2→

3→ 2↑ 2← 2↓

1→ 4↑ 3→ 1↓

3↑ 4→ 1↑ 1←

5↑ 3→ 1↓ 2← 4↓

1↑ 4→ 1↑ 4← 1↑

2→ 3↑ 2← 2↑ 4→

4→ 5↑ 2↓ 4← 2↑

4↑ 4→ 3↓ 2← 4↑

2↑ 3→ 2↓ 1← 1↑

2↑ 4→ 1← 1↑ 1↑

1, 2 Der jeweiligen Wegbeschreibung auf dem Spielfeld mit einem Wendeplättchen folgen und den Zielbuchstaben eintragen.
Selbstkontrolle erfolgt durch die sich ergebenden Lösungswörter.

→ Schülerbuch, Seite 107

Würfelhausen

1 Wie viele Steine sind es?

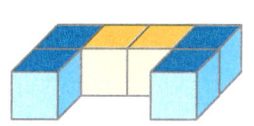   

 _____ 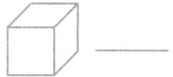 _____  _____ 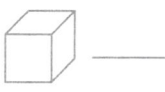 _____

2 Zu welchen Gebäuden gehören die Baupläne? Färbe und verbinde.

3	1	1	3

3	1	3	1	3

3	3	3

3 Ergänze die Baupläne.

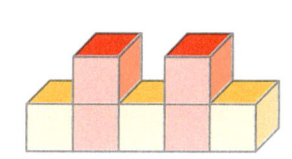   

1	2		

1	2		

2	1
1	

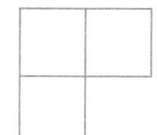

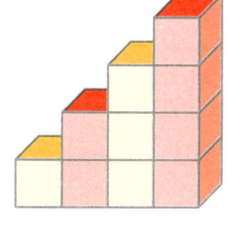   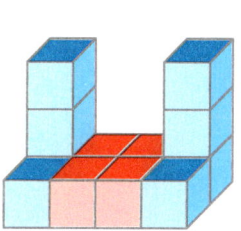

1	2	

2		

1		
2		

1 Anzahl der Würfel in den Würfelgebäuden bestimmen und eintragen. **2** Gebäude den Bauplänen zuordnen, verbinden und Baupläne färben **3** Baupläne vervollständigen. Fehlende Anzahlen eintragen.

→ Schülerbuch, Seiten 108/109

Wiederholung

○ 1

6 + 9 = ___	9 + 5 = ___	13 − 7 = ___	11 − 7 = ___
5 + 8 = ___	4 + 9 = ___	15 − 8 = ___	14 − 9 = ___
9 + 4 = ___	8 + 7 = ___	12 − 9 = ___	16 − 7 = ___
7 + 5 = ___	5 + 6 = ___	11 − 3 = ___	12 − 8 = ___
8 + 3 = ___	6 + 4 = ___	13 − 8 = ___	13 − 4 = ___

🔑
11 12 13
13 14 15

10 11 12
13 14 15

3 4 5
6 7 8

4 4 5
5 9 9

○ 2

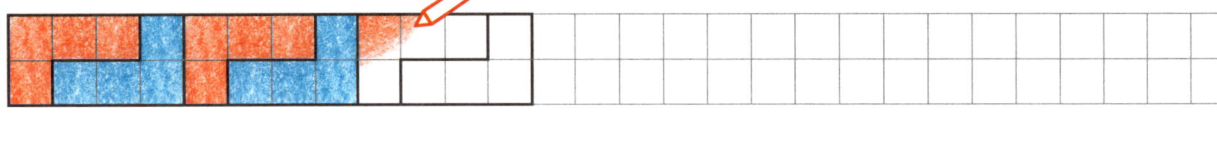

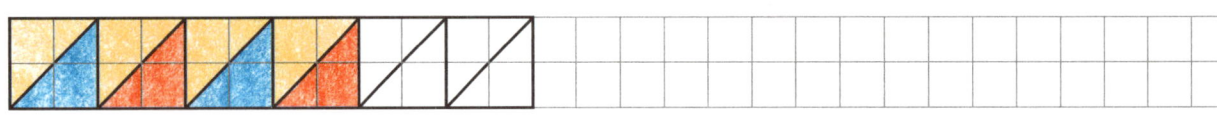

○ 3

4 + 5 ○ 19	15 − 8 ○ 8	8 ○ 7 + 1
8 + 3 ○ 10	10 − 7 ○ 3	6 ○ 12 − 8
9 + 8 ○ 18	12 − 7 ○ 7	4 ○ 17 − 6
8 + 4 ○ 4	8 − 6 ○ 8	10 ○ 7 + 4
6 + 7 ○ 13	13 − 0 ○ 9	13 ○ 8 + 5

● 4

2 + 10 = ___	16 − 9 = ___	5 + 6 = ___
4 + 9 = ___	16 − 8 = ___	6 − 5 = ___
6 + 8 = ___	15 − 7 = ___	7 + 4 = ___
8 + 7 = ___	15 − 6 = ___	8 − 3 = ___
___ + ___ = ___	14 − ___ = ___	___
___ + ___ = ___	___ − ___ = ___	___
___ + ___ = ___	___ − ___ = ___	___

82

1 Additions- und Subtraktionsaufgaben üben. 2 Muster erkennen und fortsetzen. 3 Rechensätze mit Zahlen vergleichen.
Die Zeichen <, > oder = verwenden. 4 Aufgabenrollen bearbeiten. Das vorgegebene Muster entdecken und fortsetzen.
Selbst einschätzen, wie erfolgreich die Seite bearbeitet wurde, und entsprechenden Raben ankreuzen.

→ Schülerbuch, Seiten 110 / 111

🌰 Knobeln mit Blickrichtungen

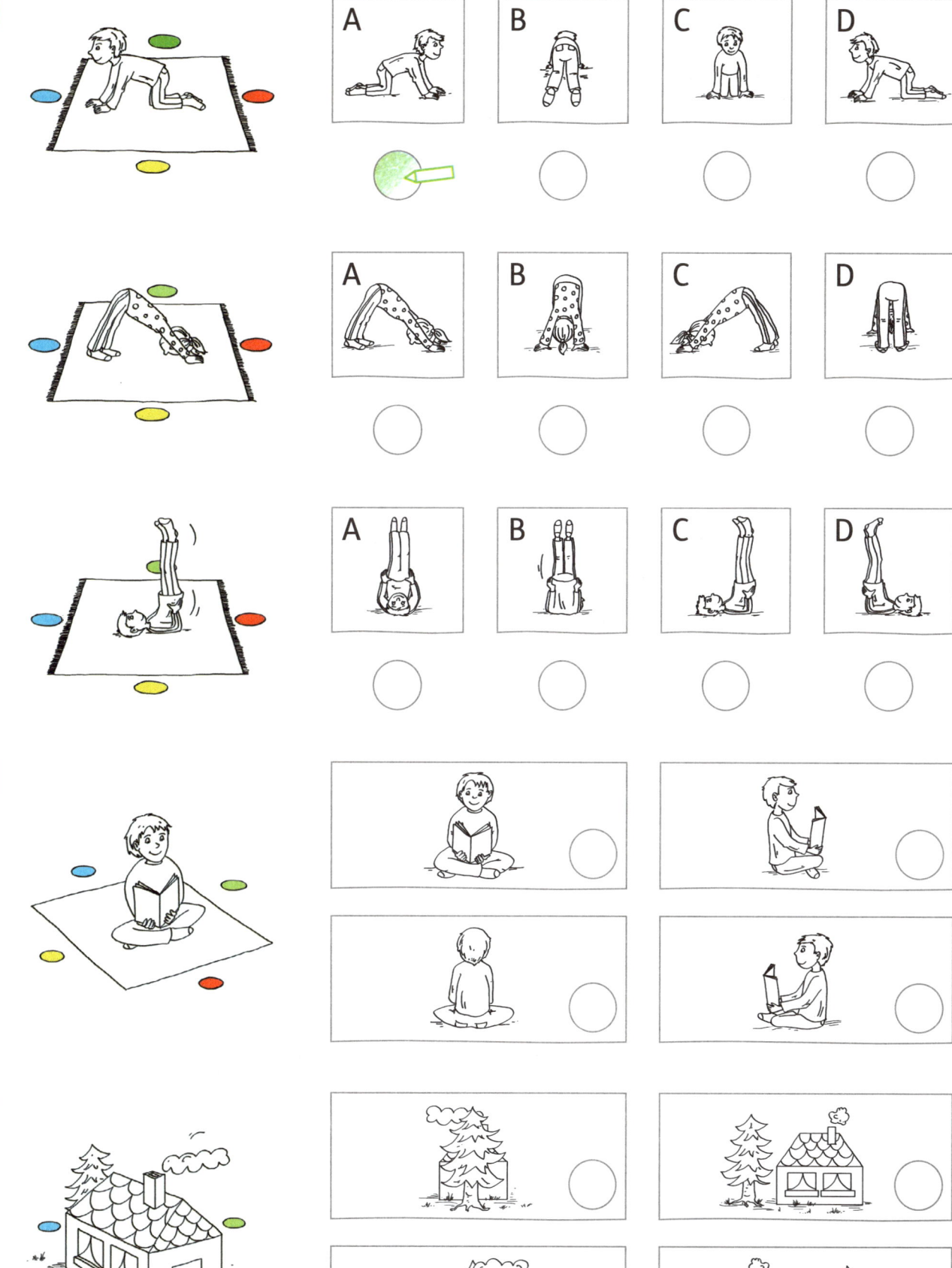

○ 1

A   B   C   D

● 2

● 3

1–3 Gegenstände und Personen aus unterschiedlichen Perspektiven betrachten (Perspektivwechsel), abgebildete Ansichten beschreiben und den angegebenen Standorten durch Färben der Kreise zuordnen.

83

→ Schülerbuch, Seite 113

Aufgabenfamilien

○ 1

14
10   4

10 + 4 = ___
4 + 10 = ___
___ − ___ = ___
___ − ___ = ___

20
11   9

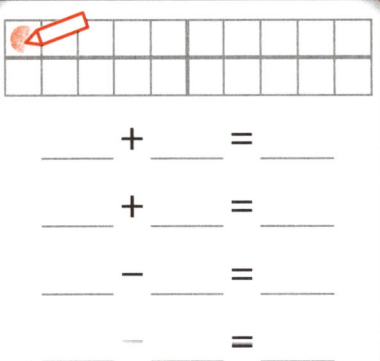

___ + ___ = ___
___ + ___ = ___
___ − ___ = ___
___ − ___ = ___

9
2   7

2 + 7 = ___
___ + ___ = ___
9 − 7 = ___
___ − ___ = ___

○ 2

___
7   4

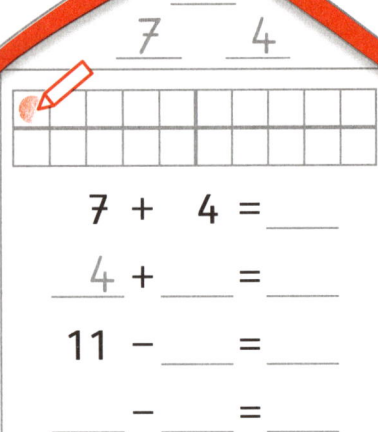

7 + 4 = ___
4 + ___ = ___
11 − ___ = ___
___ − ___ = ___

___
___

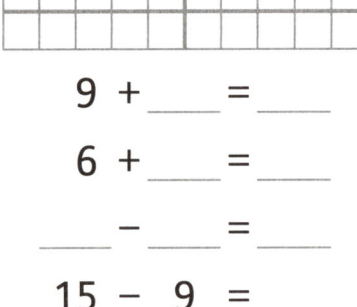

9 + ___ = ___
6 + ___ = ___
___ − ___ = ___
15 − 9 = ___

___

5 + 7 = ___
___ + ___ = ___
12 − ___ = ___
___ − 5 = ___

◑ 3

___
6   8

6 + 8 = ___
___ + ___ = ___
___ − ___ = ___
___ − ___ = ___

___
9   5

9 + 5 = ___
___ + ___ = ___
___ − ___ = ___
___ − ___ = ___

11
___ ___

___ + ___ = ___
___ + ___ = ___
11 − ___ = 8
___ − ___ = ___

84

1 Aufgaben der Aufgabenfamilien notieren und rechnen.   **2, 3** Die passenden Zahlen im Dach eintragen, Aufgaben der Aufgabenfamilien notieren und rechnen.

→ Schülerbuch, Seiten 114/115

Zauberdreiecke

1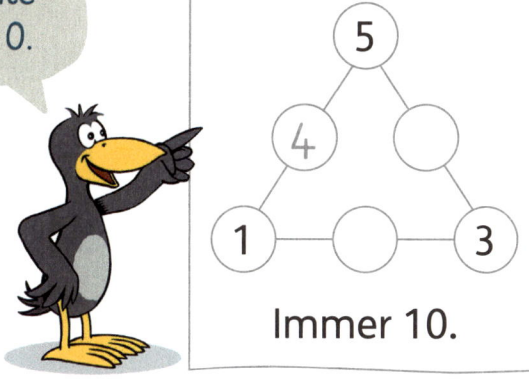

Auf jeder Seite zusammen 10.

Immer 10.

$5 + 4 + 1 = 10$

$5 + + 3 = 10$

$1 + + 3 = 10$

2

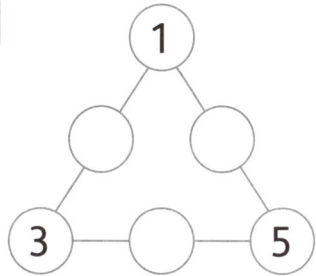

Immer 10.

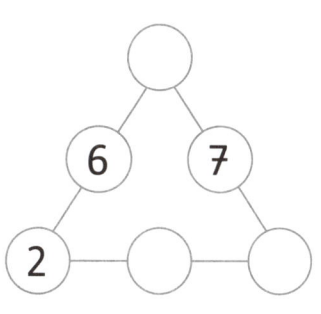

Immer 11.

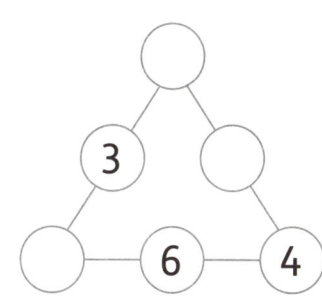

Immer 12.

3 Suche zuerst die Zauberzahl.

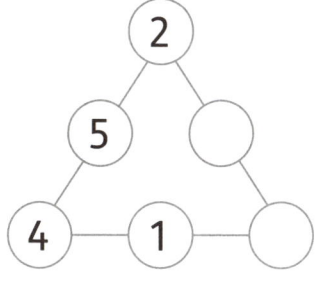

Immer ____.

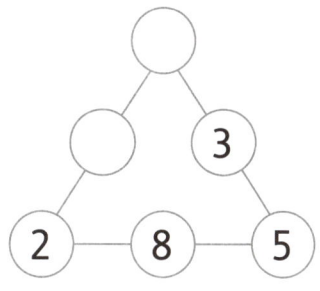

Immer ____.

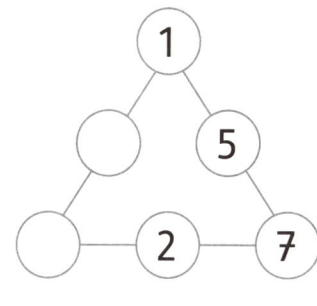

Immer ____.

4 Löse durch Probieren.

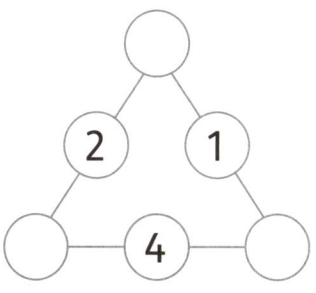

Immer 15.

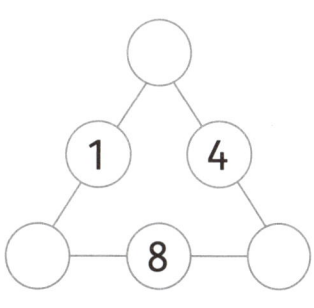

Immer 15.

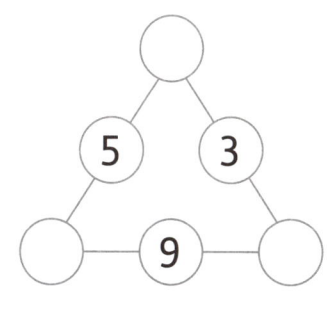

Immer 15.

1 Die Zauberzahl ist 10. Die Summe jeder Seite im Zauberdreieck ergibt 10. Jede Zahl darf in einem Zauberdreieck nur einmal vorkommen. **2, 3** Zauberdreiecke vervollständigen. **4** Aufgaben durch Probieren lösen (ggf. die Zahlenkarten von 1 bis 9 nutzen).

→ Schülerbuch, Seiten 116/117

Zahlenmauern

○ 1 Rechne.

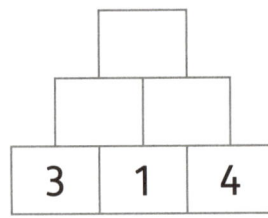 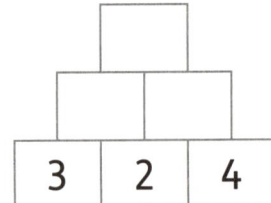 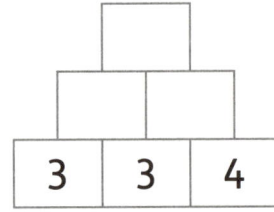 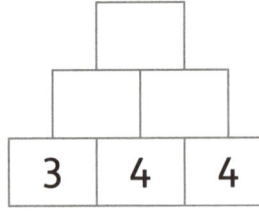

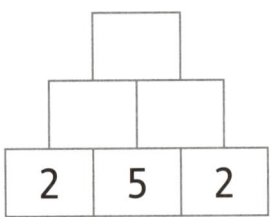 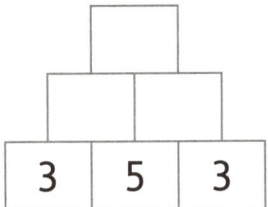 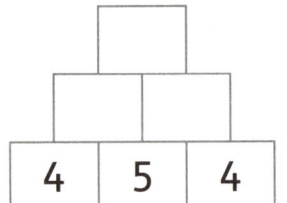 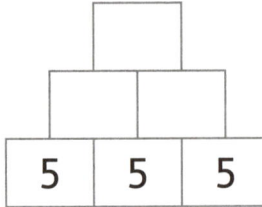

○ 2

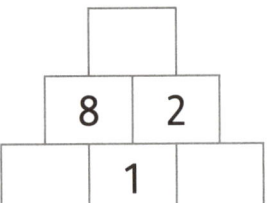 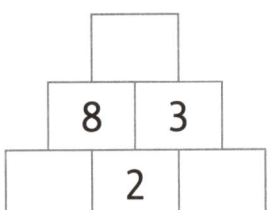 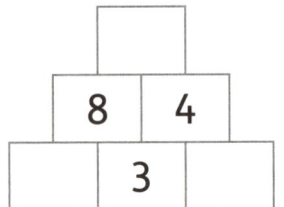 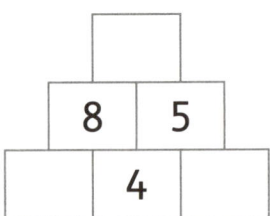

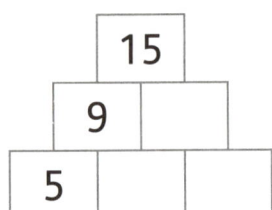 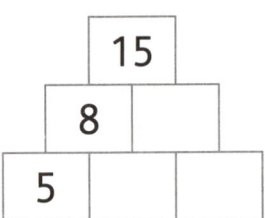 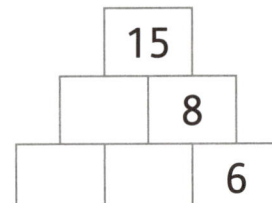 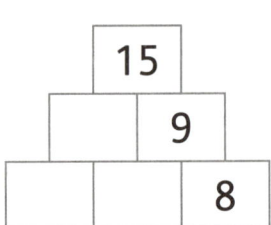

◑ 3 Wie geht es weiter?

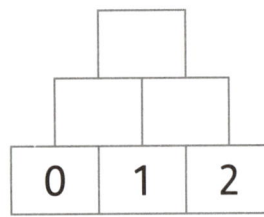 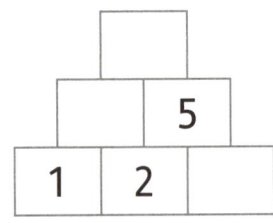 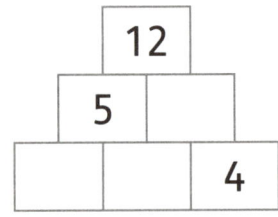 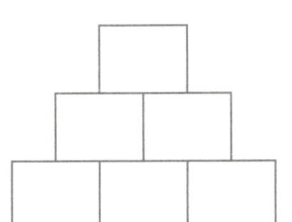

● 4 Erfinde eigene Zahlenmauern mit einem Muster.

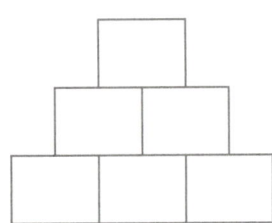 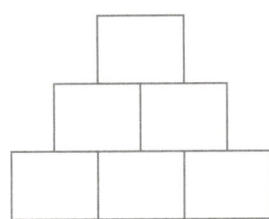 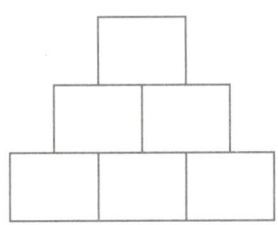 

86

1, 2 Fehlende Zahlen in die Zahlenmauern eintragen. In jeder Reihe ist in den Zahlenmauern ein Muster erkennbar.
3 Fehlende Zahlen in die Zahlenmauern eintragen. Muster erkennen und fortsetzen. **4** Eigene Zahlenmauern mit einem Muster erfinden.

→ Schülerbuch, Seiten 118/119

Zahlenfolgen

1 Setze die Zahlenfolgen fort.

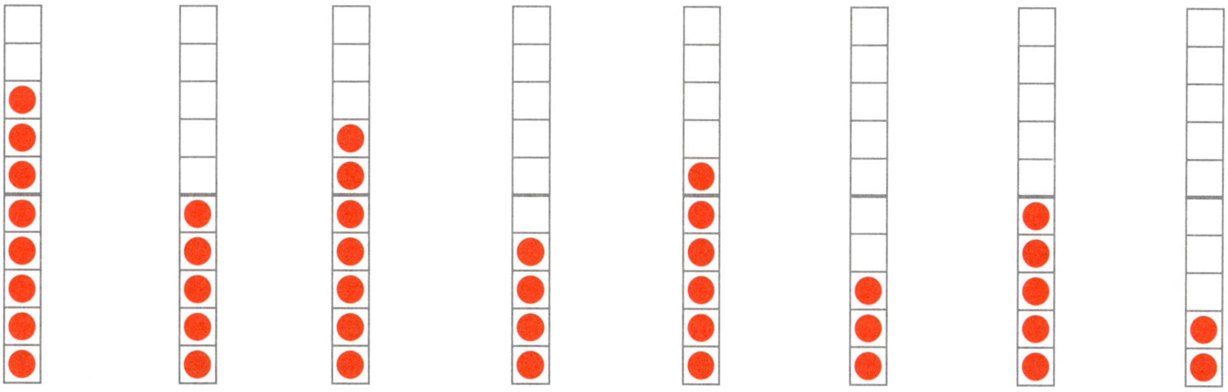

$$8 \xrightarrow{-3} 5 \xrightarrow{+2} 7 \xrightarrow{-3} \Box \xrightarrow{+2} \Box \rightarrow \Box \rightarrow \Box \rightarrow \Box$$

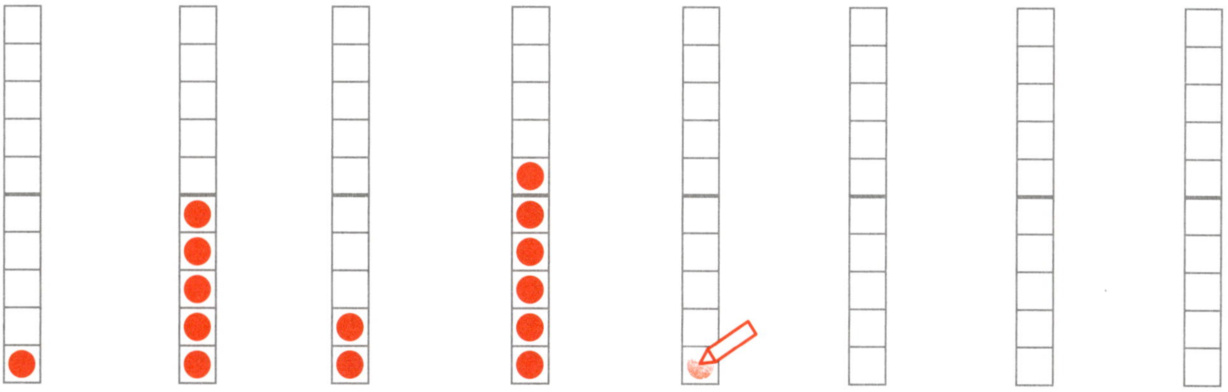

$$1 \xrightarrow{+4} 5 \xrightarrow{-3} 2 \xrightarrow{+4} \Box \xrightarrow{-3} \Box \rightarrow \Box \rightarrow \Box \rightarrow \Box$$

2

$$2 \xrightarrow{+2} 4 \xrightarrow{+2} 6 \xrightarrow{+2} \Box \rightarrow \Box \rightarrow \Box \rightarrow \Box \rightarrow \Box$$

$$19 \rightarrow 17 \rightarrow 15 \rightarrow \Box \rightarrow \Box \rightarrow \Box \rightarrow \Box \rightarrow \Box$$

$$5 \rightarrow 6 \rightarrow 8 \rightarrow 9 \rightarrow 11 \rightarrow \Box \rightarrow \Box \rightarrow \Box$$

3

$$8 \rightarrow 0 \rightarrow 10 \rightarrow 2 \rightarrow 12 \rightarrow \Box \rightarrow \Box \rightarrow \Box$$

$$7 \rightarrow 3 \rightarrow 9 \rightarrow 5 \rightarrow 11 \rightarrow \Box \rightarrow \Box \rightarrow \Box$$

$$2 \rightarrow 11 \rightarrow 4 \rightarrow 13 \rightarrow 6 \rightarrow \Box \rightarrow \Box \rightarrow \Box$$

1–3 Rechenregeln erkennen und Operatoren notieren. Zahlenfolgen gemäß der jeweiligen Rechenregel fortsetzen.

 87

→ Schülerbuch, Seite 120

Kombinieren

○ 1 Welche Möglichkeiten gibt es? Färbe die Luftballons.

3 Luftballons:

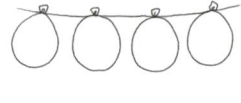

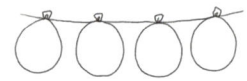 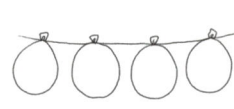

4 Luftballons: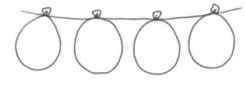

◐ 2 Die Muffins werden mit bunten Herzen geschmückt.

Wie viele Möglichkeiten gibt es? Färbe die Herzen.

Jeder Muffin bekommt:

Jeder Muffin bekommt:

Jeder Muffin bekommt:

88

1, 2 Unter Berücksichtigung der vorgegebenen Bedingungen alle möglichen Anordnungen durch systematisches Probieren finden. Die Luftballons bzw. Herzen entsprechend färben.

→ Schülerbuch, Seite 121

Zufall

1 Sicher, möglich oder unmöglich?
Der Rabe zieht .

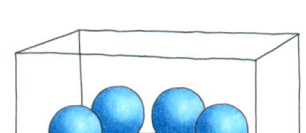 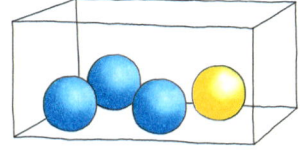 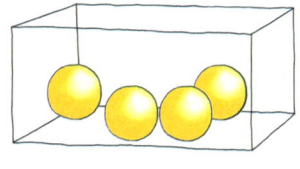 

sicher

Der Rabe zieht .

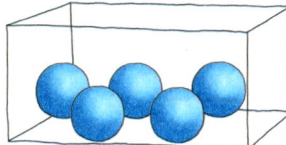 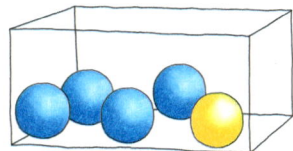 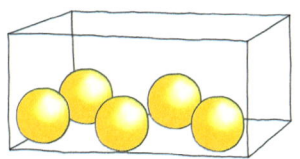 

2 Sicher, möglich oder unmöglich. Färbe.
Du ziehst .

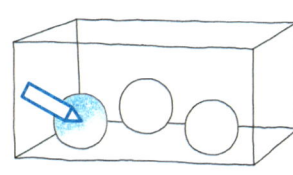 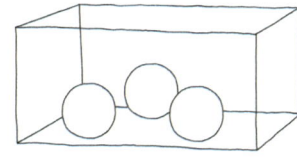  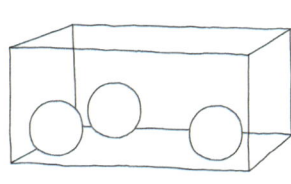

sicher   möglich   unmöglich   möglich

Du ziehst .

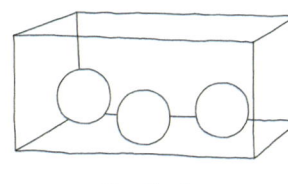 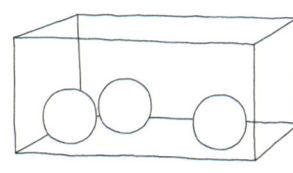 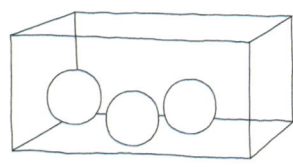 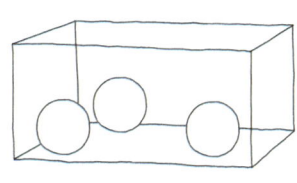

möglich   unmöglich   sicher   möglich

3 In jeder Kiste sind 5 Bälle. Du ziehst .

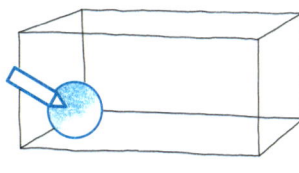 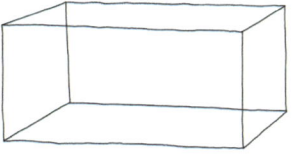 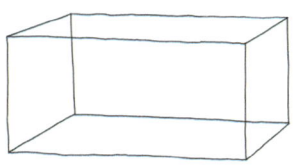 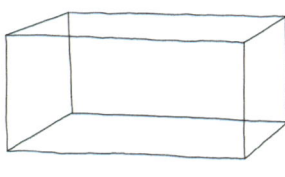

möglich   unmöglich   sicher   möglich

1 Sichere, mögliche und unmögliche Ereignisse unterscheiden. Der Rabe darf jeweils nur einen Ball aus der Kiste nehmen.
2, 3 Die Bälle in den Kisten blau oder gelb färben bzw. zeichnen, sodass das beschriebene Ereignis sicher, möglich oder unmöglich ist.

Die Uhrzeit

1 Ergänze die fehlenden Zahlen.

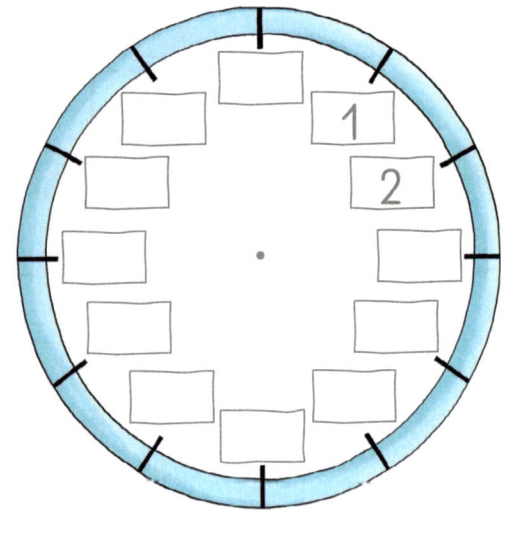  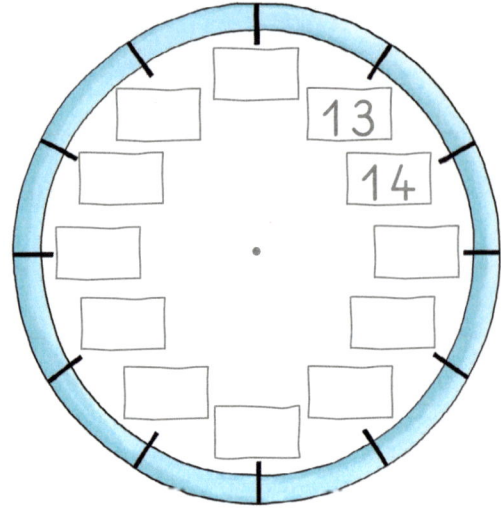

2

11 Uhr   ___ Uhr   ___ Uhr   ___ Uhr   ___ Uhr

23 Uhr   ___ Uhr   ___ Uhr   ___ Uhr   ___ Uhr

___ Uhr   ___ Uhr   ___ Uhr   2 Uhr   ___ Uhr

___ Uhr   ___ Uhr   ___ Uhr   ___ Uhr   22 Uhr

3

| 9 Uhr | 16 Uhr | 1 Uhr | 13 Uhr | 20 Uhr |

90

1 Fehlende Zahlen auf den Ziffernblättern ergänzen.   **2** Zu den dargestellten Zeigerdarstellungen beide möglichen Uhrzeiten notieren. Bei den letzten beiden Uhren die Zeiger zusätzlich eintragen.   **3** Jedes Bild mit einer passenden Uhrzeit verbinden.

→ Schülerbuch, Seiten 124/125

Mit Fragen arbeiten

1 5 Fragen kannst du beantworten.
Verbinde und antworte.

Wer hat gerade den Ball?
Den Ball hat _____
_____

Wer gewinnt das Fußballspiel?
_____
_____

Wie viel Geld muss Eva bezahlen?
_____
_____

Wie viele Punkte hat der Rabe?
_____
_____

Wie viele Kinder spielen Fußball?
_____
_____

Wie alt sind Peter und Eva?
_____
_____

Wie viele Ringe hat der Rabe?
_____
_____

1 Entscheiden, welche Fragen beantwortet werden können und welche aufgrund fehlender Informationen nicht.
Die Fragen beantworten und mit dem passenden Bild verbinden.

→ Schülerbuch, Seite 127

Mit Skizzen arbeiten

○ 1 Wie alt ist jedes Kind?

Zeichne und löse.

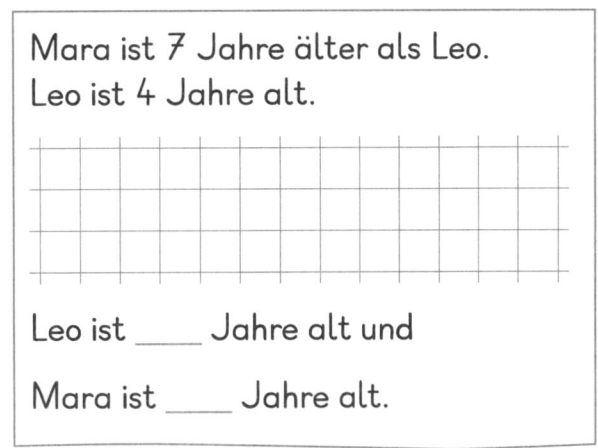

Jonas ist 6 Jahre alt.
Mia ist 5 Jahre älter.

Jonas ist ____ Jahre alt und

Mia ist ____ Jahre alt.

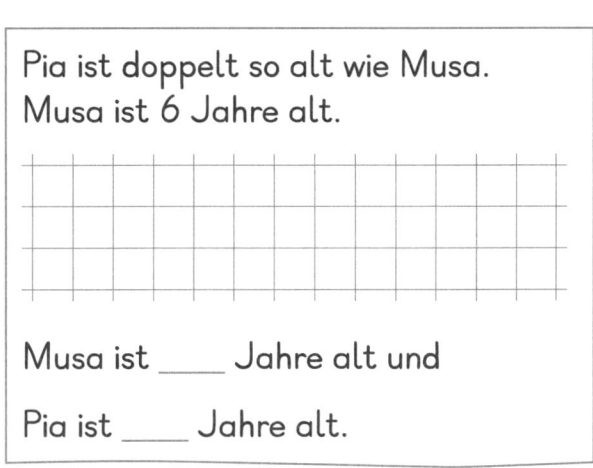

Clara ist 12 Jahre alt.
Tim ist 5 Jahre jünger.

Clara ist ____ Jahre alt und

Tim ist ____ Jahre alt.

Mara ist 7 Jahre älter als Leo.
Leo ist 4 Jahre alt.

Leo ist ____ Jahre alt und

Mara ist ____ Jahre alt.

Pia ist doppelt so alt wie Musa.
Musa ist 6 Jahre alt.

Musa ist ____ Jahre alt und

Pia ist ____ Jahre alt.

◑ 2 Tom ist halb so alt wie Sara.
Sara ist halb so alt wie Lars.
Lars ist 12 Jahre alt.

Lars ist ____ Jahre alt,

Sara ist ____ Jahre alt und

Tom ist ____ Jahre alt.

Lina ist 3 Jahre jünger als Alex.
Alex ist 7 Jahre alt. Emma ist
4 Jahre älter als Alex.

Alex ist ____ Jahre alt,

Lina ist ____ Jahre alt und

Emma ist ____ Jahre alt.

1, 2 Zu den Aufgaben Lösungsskizzen zeichnen und die Aufgaben lösen.

→ Schülerbuch, Seite 128

Mit Gleichungen arbeiten

1 Verbinde mit der passenden Gleichung. Eine Gleichung bleibt übrig.
Löse die Aufgaben.

Marlon hat noch

_____ Blumen übrig.

Amelie bekommt

_____ € zurück.

Johanna hält

_____ Ballons.

| 6 + 6 = ___ | 15 − 5 = ___ | 7 + 6 = ___ | 20 − 17 = ___ |

2 Verbinde mit der passenden Gleichung. Eine Gleichung bleibt übrig.
Löse die Aufgaben.

Lukas hat 13 € im Sparschwein.
Davon kauft er sich ein Auto für 5 €.

Lukas hat jetzt noch

_____ € im Sparschwein.

Anne sammelt Tierbilder. Sie hat 13 Pferdebilder. Außerdem hat sie noch 5 Bilder mit anderen Tieren.

Anne hat insgesamt

_____ Tierbilder.

Sila ist auf dem Flohmarkt.
Von seinen 13 CDs hat Jona 5 CDs gekauft. 5 weitere CDs kaufte Melina.

Sila hat nun noch

_____ CDs.

| 13 + 5 = ___ | 13 − 5 − 5 = ___ | 13 + 5 − 5 = ___ | 13 − 5 = ___ |

1 Bilder den Gleichungen zuordnen. Gleichung lösen und das Ergebnis notieren.   2 Aufgaben den Gleichungen zuordnen.
Gleichungen lösen und das Ergbnis notieren.

22   93

→ Schülerbuch, Seite 129

Die Zehnerzahlen

1

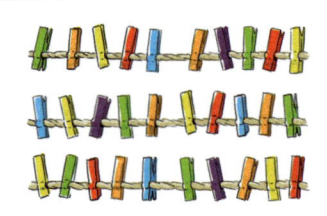  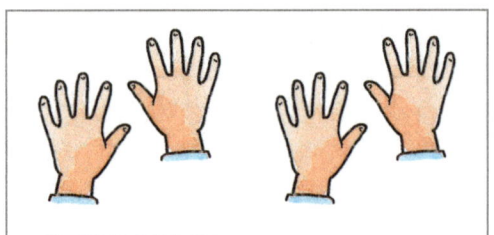

_____   _____   _____

  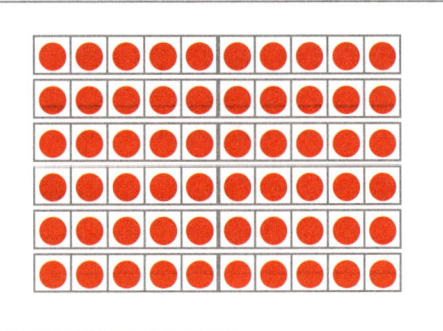

_____   _____

2

	40			50							60
	70			20							90
	20			80							20

3 Denke an die kleine Aufgabe.

60 + 30 = _____   90 − 50 = _____   50 + _____ = 70

40 + 20 = _____   70 − 10 = _____   90 − _____ = 30

20 + 50 = _____   80 − 30 = _____   _____ + 40 = 80

70 + 10 = _____   60 − 60 = _____   _____ − 20 = 70

4 40 ⬲< 50   60 ◯ 40   10 ◯ 10   40 ◯ 30

60 ◯ 60   70 ◯ 70   50 ◯ 20   70 ◯ 90

30 ◯ 20   10 ◯ 30   80 ◯ 40   20 ◯ 20

1 Zehnerzahlen passend zu den Bildern eintragen.   **2** Zehnerzahlen eintragen.   **3** Additions- und Subtraktionsaufgaben von Zehnerzahlen lösen.   **4** Zehnerzahlen vergleichen und die Zeichen <, > und = nutzen.

→ Schülerbuch, Seiten 130/131

6 + 6

14 − 8

16 − 6 − 4

15 − 9

7 + 3 + 4

4 + 4 + 6

15 − 8

7 + 8

6 + 9

13 − 7

5 + 8

10 + 3

9 + 4

14 − 7

6 + 7

16 − 7

16 − 8

5 + 10

5 + 7

6 + 8

12 − 6

9 + 3

13 − 1 − 3

12 − 5

6, 9

12, 14

13, 15

7, 8

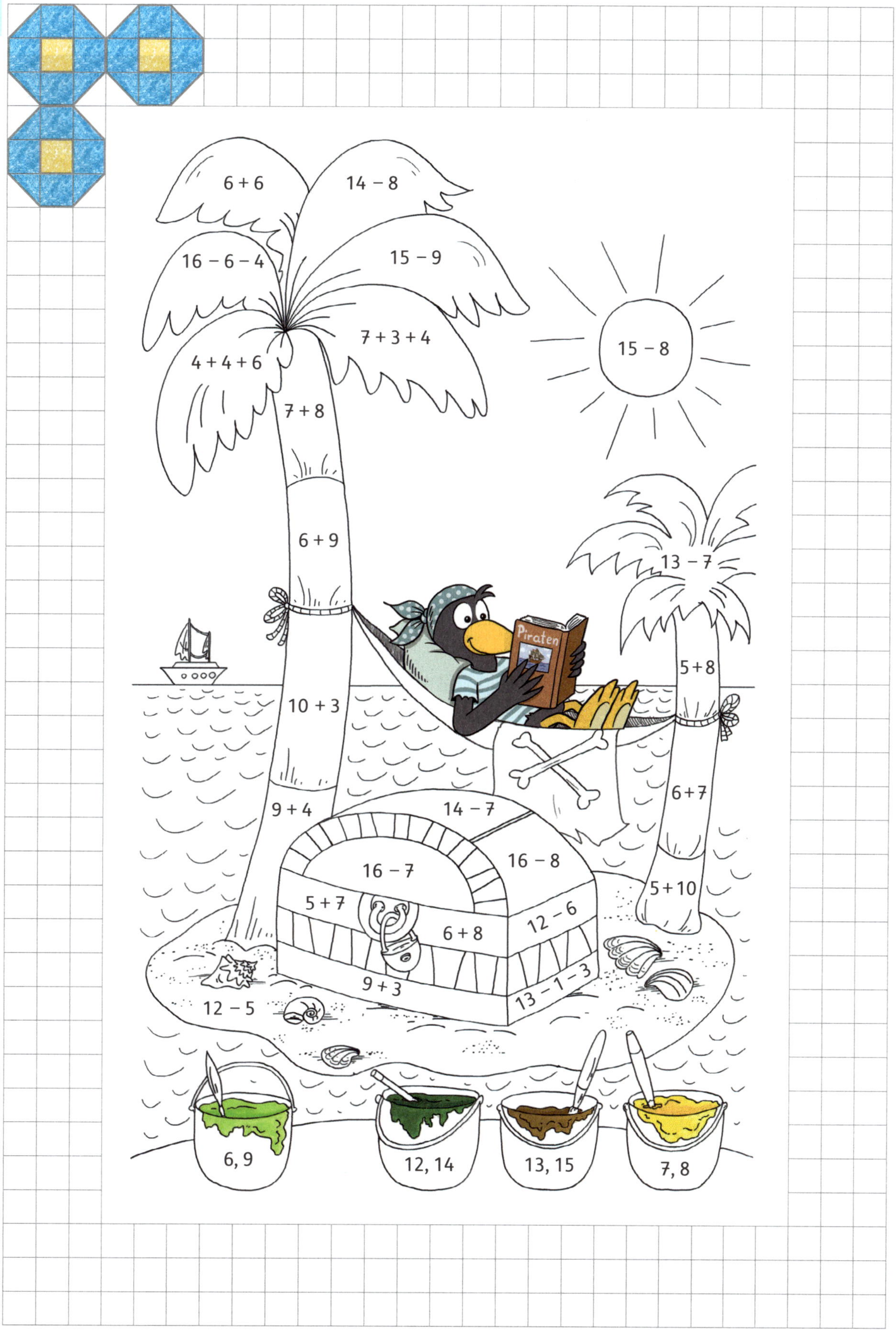

1 Aufgabenfelder in der Farbe des Ergebnisses ausmalen. Das Muster vervollständigen.
Selbst einschätzen, wie erfolgreich die Seite bearbeitet wurde, und entsprechenden Raben ankreuzen.

95

→ Schülerbuch, Seite 132/133

Knobeln mit Texten

○ 1 Wie heißen die Bären?

_____ _____ _____ _____

1. Das sind Bruno, Max, Hugo und Zottel.

2. Der Bär mit der gelben Hose heißt Hugo.

3. Bruno und Zottel haben gestreifte Hosen an.

4. Bruno und Max sitzen nebeneinander.

◐ 2 Welcher Hut hat welche Farbe? Färbe.

Otto   Leo   Till   Olli

1. Leo hat keinen grünen Hut.

2. Der dritte Clown von links hat einen blauen Hut.

3. Am Rand steht kein Clown mit einem roten Hut.

4. Leo steht neben dem Clown mit einem gelben Hut.

● 3 Wer hat welche Lieblingsfarbe? Färbe.   wahr: ✓   falsch: f

1. Eva mag rot.

2. Tom mag kein blau und kein grün.

3. Ron mag blau oder grün.

4. Ein Mädchen mag pink.

5. Ken mag kein blau.

	rot	blau	pink	gelb	grün
Eva	✓	f	f	f	f
Ron	f				
Ina	f				
Ken	f				
Tom	f				

1–3 Aussagen zu den Aufgaben aufmerksam lesen und zueinander in Beziehung setzen. Dadurch die jeweils gesuchten Zuordnungen finden und notieren.

→ Schülerbuch, Seite 135